湯川秀樹博士と大阪大学
ノーベル賞はかくして生まれた

Hideki
Yukawa
&
Osaka
University

細谷 裕
Yutaka Hosotani

監修　大阪大学総合学術博物館湯川記念室

大阪大学出版会

巻頭言

　大阪大学が創立90周年を迎える記念すべき年に、本学にとって待望の書、『湯川秀樹博士と大阪大学 ── ノーベル賞はかくして生まれた』（細谷 裕 著）が刊行の運びとなりましたことはこの上ない喜びとするところです。

　本学の記念碑的な書籍を執筆くださいました本学細谷裕名誉教授に衷心より御礼を申し上げます。また、本書の刊行にあたり温かいご理解とご協力を賜りました、湯川秀樹博士のご遺族、京都大学基礎物理学研究所湯川記念館史料室、大阪大学出版会をはじめとする多くの方々や関係機関の皆様に深甚なる謝意を表します。

　さて、私は、総長就任直後の2015年に、本学の本部棟に隣接する共創イノベーション棟の建設計画が本格化するにあたり、是非とも実現したいことがありました。それは、湯川博士の本学における業績を顕彰するディスプレイを設置することでした。そして、決して十分とは申せませんが、その建物の1階の一画に、湯川博士の学位論文を構成する論文群をはじめとする資料と業績紹介文を展示することができました。

　本学への来客があれば可能な限りその場所にご案内し、「湯川博士と本学」の関係を説明していますが、驚くことに、ほとんどの方がそこに展示されている事実をご存知ではなく、認識を新たにされることしきりでした。そのような状況のなかで、一昨年11月に大阪大学総合学術博物館湯川記念室委員会委員長橋本幸士教授から、本学の創立90周年記念事業の一環として本書の企画をいただきました。そして、私はその企画がもつ意義の重大さに鑑み、周年記念式典の挙行までに本書の刊行が実現するよう計画を進めるに至りました。

　本学創立から2年後の1933年5月、大阪帝国大学長岡半太郎初代総長の期待のもと、26歳の若さで理学部講師に迎え入れられた湯川秀樹氏は、自由闊達な雰囲気のなか、素粒子物理学の研究に従事され、1934年秋、中間子論の論文を発表しました。日本で最初のノーベル賞に輝くことになった研究成果が、当時、本学理学部が所在した大阪中之島で生まれたのです。1938年、大阪帝国大学で理学博士の学位を取得し、湯川氏は湯川博士となられました。

近年、湯川博士が大阪帝国大学時代に残されたノート、論文講演原稿、書簡などの膨大な史料が、一般市民の方々も簡単に見ることができるようになりました。具体的には、京都大学基礎物理学研究所湯川記念館史料室で保存、管理されている史料が、2019年春、大阪大学総合学術博物館湯川記念室により再整備され、ホームページ上で閲覧可能になりました。

　近年明らかになった史料から浮かび上がる湯川博士の姿は、（細谷裕名誉教授の言葉を借りれば）凄まじく圧倒的だったと言われています。人間としてのほとばしる熱意、使命感、研究者として真理にたどり着くまで試行錯誤を惜しまぬ探究と努力、その末に手繰り寄せられる達成の境地、そしてさらなる将来への展望の描写と新たな決意。これらは湯川博士ならではの精神性にもとづき大阪帝国大学内でなされたものながら、大学を超えてすべての人々に感銘と勇気を与えるものです。

　本書は、湯川博士が大阪帝国大学理学部の講師、助教授として活躍した1933年から1939年までの活動を中心に湯川博士の生き生きとした姿を蘇らせています。まさに、「ノーベル賞はかくして生まれた」ことが手にとるように再現されています。

　創立時の大阪大学の躍動は、未来へ向けた指針です。本書を紐解くとき、「想い つなげる つむぎあう」の標語のもと創立90周年を迎え、「生きがいを育む社会」を創造すべく未来に向かって飛躍を遂げんとする本学にとって、湯川博士の大阪帝国大学時代の業績は大きな誇りであり、湯川博士の精神は本学構成員の鑑であると確信しております。

　大阪大学創立90周年に相応しく、本書が皆様の座右の書となることを願って止みません。

大阪大学総長　西尾 章治郎

目 次

――――― 本書の掲載史料について ―――――

第1章から第11章までと第13章の掲載史料については、とくに記載のないものは京都大学基礎物理学研究所湯川記念館史料室より提供、許可を得て掲載したものである。第12章ではとくに記載のないものは大阪大学総合学術博物館湯川記念室の撮影写真である。かつ、第12章、第14章ではそれぞれの提供者、所蔵者を記載している。また、本文中の史料から書き起こした引用は、旧漢字は新字に改め、送り仮名は原則として原文のまま引用した。

はじめに

　日本人として最初のノーベル賞に輝いた湯川秀樹の中間子論は、当時、（現在の）大阪市北区中之島にあった大阪大学（旧大阪帝国大学）理学部にて誕生し、この中間子論の論文により湯川秀樹は大阪大学より理学博士の学位を取得したことを、皆さんはご存知だろうか。1934（昭和9）年秋、物理学における大変革、現代の素粒子物理学の幕が大阪大学で切って落とされたのである。

　1931（昭和6）年、大阪大学は長岡半太郎を初代総長として大阪中之島に設立され、理学部物理学科主任の八木秀次は1933（昭和8）年、当時26歳の湯川秀樹を講師として迎え入れた。湯川は物理学実験の巨匠、菊池正士のグループで自由闊達に研究に勤しんだ。1934（昭和9）年10月、湯川は「γ'ray」（ガンマプライム線、後のパイ中間子）の考えを芽生えさせる。ひらめいたアイディアは、物質を構成する原子、その原子の中心にある原子核、その原子核の中の核力を解き明かす理論へと発展する。一月半のうちに湯川は、自身にとって最初の論文を仕上げる。これぞ、1949（昭和24）年のノーベル物理学賞に輝いた論文である。

　しかし湯川の理論が認められるには紆余曲折を経ることになる。湯川が1934（昭和9）年秋から1938（昭和13）年春までに大阪大学でやり遂げた研究は凄まじい。この間、湯川は若い仲間と共に9編の論文を執筆している。9編目の論文で、当時、宇宙線観測で見つかった新粒子（ミューオン、ミュー粒子）が湯川が予言した中間子である可能性を吟味すると、湯川理論は世界の潮流として着目されることになる。湯川も自分の理論に自信を持ったに違いない。1934（昭和9）年の論文を主論文、その後の9編の論文を参考論文として、1938（昭和13）年4月、湯川は大阪大学より理学博士の学位を取得する。

　湯川秀樹は類まれなほど几帳面な人であった。大阪帝国大学時代、自分で書いた講演原稿、論文原稿、計算ノート、学会や教室談話会のプログラム、もらった手紙など、すべてを茶封筒等にまとめて整理保存していた。1980年代になってそれらが京都大学で発見され、また湯川家でもその他の史料や写真などが見つかり、京都大学基礎物理学研究所でアーカイブとして整備されている。大阪大学総合学術博物館湯川記念室では、2019（平成31）年3月、多くの学生や一般市民の方にも簡単にアクセスできるようそれらの史料の一部をホームページ上で公開した。

　これらの史料からあらわになった大阪帝国大学時代の湯川の姿は凄まじい。毎日、切磋琢磨、勉強に

湯川秀樹博士（大阪大学蔵）

次ぐ勉強、仲間と議論を戦わせ、自然現象の理解に立ち向かう。すべてが新しく、物理学科の学生、同僚に問いかけ説明する。物理学会大阪支部例会のガリ版刷りプログラムにはいつも湯川と研究仲間の5分から15分の講演が記されている。ノートには試行錯誤の計算過程が書き殴られている。ふと、時間ができたのか、休息のひと時なのか、あるいは行き詰まったのか、空白部分の落書きも面白い。物理の学生や教員のために当時の最先端の量子物理を講義する。準備ノートは丁寧に用意する。その頻度はかなりのもので、よくここまでやっていたと圧倒され、敬服させられる。使命感が漲る。しかし、四六時中勉強していたわけではない。午後になると、野球の練習にも励み、夕方5時ごろには西宮への帰宅の途につく。

　この冊子では、大阪帝国大学時代の史料を中心に湯川秀樹の姿を振り返る。湯川にとって大阪帝国大学時代は素粒子論研究の極みであった。理論と実験観測が絡み合い、新しい概念、自然観が築かれた物理研究の黄金期であった。そこには新しい世界を切り拓く湯川の精神、*Yukawa Mind*、が漲っている。

　2014（平成26）年、湯川がコロンビア大学（アメリカ合衆国ニューヨーク市）客員教授であったとき居室で愛用していた黒板（石盤）が湯川理論誕生の学府である現在の大阪大学の理学研究科物理研究棟H棟7階コミュニケーションスペースに移設された。多くの学生、研究者がこの黒板の上で自由に議論を深め、新しい世界を築かれることを願う。

大阪大学総合学術博物館湯川記念室

細谷　裕

第1部

京大から
阪大講師に

26歳、1933年

第1章

いざ大阪へ

1．大阪帝国大学着任

　湯川秀樹は1932（昭和7）年より京都帝国大学理学部の講師に着任していた。1933（昭和8）年、湯川は大阪帝国大学理学部物理学科主任の八木秀次教授に招かれ大阪帝国大学理学部講師を兼ねる。1934（昭和9）年4月には大阪帝国大学理学部専任講師となり、大阪での輝かしい研究人生の幕を開ける。湯川27歳のときである。大阪帝国大学講師に着任した時、湯川はまだ一編の論文も発表していなかった。にもかかわらず湯川が類まれな逸材であることは多くの物理学者が熟知するところであった。湯川は八木秀次から早く論文を書くようにとの叱咤激励を受ける。

　1934（昭和9）年、大阪帝国大学理学部物理学科に原子核物理学の若き巨匠、菊池正士が理化学研究所から移籍、教授として着任した。このとき菊池は32歳であった。湯川の親友、朝永振一郎は1933（昭和8）年の湯川宛の手紙の中で「大阪へ行かれる由およろこび申します。新興の大学故　活気があって面白いことと思って居ります。菊池さんなどが行かれたらいよいよいいでせうね」と述べている。湯川も後年、菊池博士と一緒に阪大にいたのは1939年までの数年間に過ぎないが、その間に受けた影響が非常に大きかったと思い起こしている。湯川より少し若く、後年日本の物理を牽引していくことになる坂

写真［理学部1］大阪帝国大学理学部本館。1934（昭和9）年4月、大阪中之島に竣工した（出典：写真集「大阪大学の五十年」1981, p.63）

写真［理学部2］大阪帝国大学理学部本館（中之島）屋上にて。前列左から山口太三郎、菊池正士、岡小天、後列左から湯川秀樹、渡瀬譲、熊谷（青木）寛夫、伏見康治、坂田昌一。

田昌一、武谷三男、小林稔らを引きつけ、共に中間子論に関する共同研究ができたのも、菊池研究室の生き生きとした雰囲気があったからであろう。写真

八木秀次（通信）	─	岡部金次郎	─	林　龍雄
				渡瀬　譲
岡谷辰治（相対論）	─	湯川秀樹	─	坂田昌一
友近　晋（流体）	─	岡　小天	─	伏見康治
浅田常三郎（物性）	─	沢田昌雄	─	奥田　毅
菊池正士（原子核）	─	山口太三郎	─	青木寛夫
				中川重雄

表［理学部3］1934年当時の物理学科の陣容。濃い青で囲まれた部分が菊池グループ。坂田、伏見、そしてこの後に武谷、小林が湯川のグループに加わる（筆者作成）

［理学部2］は理学部本館屋上で菊池を中心にグループで撮ったものである。湯川が後列左端、坂田が右端に写る。

　物理学科主任の八木は自分の研究室が応用面を引き受け、他の研究室は基礎研究に打ち込める体制を整えた。特に菊池研究室には実質2講座分を割り当て、若手研究者を集中させた。表［理学部3］に当時の物理学科の陣容をまとめる。菊池は湯川たちに自由に研究することを奨励した。

　湯川の居室は理学部本館1階（［理学部4］）、八木教授室の真下にあった。当時、理学部本館には総長室、本部庶務課もあった。湯川の居室の向かい側の部屋は菊池研究室の食堂として使われていた。菊池、山口、青木、伏見、湯川、坂田らは大学の近くにある丸子食堂から丼物とか塗り物の箱に入った弁当を取り寄せ、昼食のあとは囲碁、将棋をさしてくつろいだ。この場所は同時に議論部屋としても活用されていた。1938（昭和13）年の研究室日記（第6章参照）で、第8回理論コロキウム（湯川研究室の勉強会）は「午後一時半に一階食堂にて開かれた」とある。「一階食堂」とはこの菊池食堂のことである。また、日本数学物理学会大阪支部常会はこの理学部本館3階大講義室で定常的に開催された（第4章参照）。大阪帝国大学理学部本館は日本の基礎科学研究のメッカであった。

　大阪帝国大学理学部本館には逸話が残されている。大阪帝国大学の初代総長となった長岡半太郎は原子の土星模型で有名な物理学者であるが、彼の湯川評価も鋭い。半太郎の息子の長岡治男は後年語っている[注1]。長岡半太郎が新設の大阪帝国大学の総長になることを要請されたときは「癇癪持ちで雷親爺で通っていた親爺は、当時手が付けられない程荒れたものです。……その雷鳴の納まる頃になると今度は笑顔になって大阪には良い学者が来る……若い湯川、菊

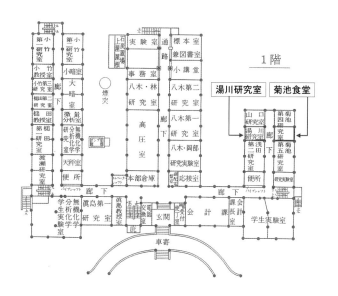
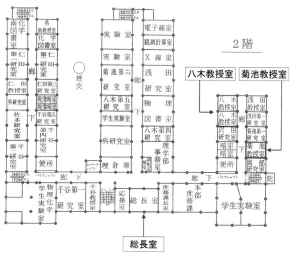

図［理学部4］理学部本館1階、2階の配置図（出典：「大阪大学五十年史　通史」p.151）

池……というようなことを口走る、独言が出る」そこで、長岡治男が父の半太郎に、「湯川という人は秀才かとたずねてみると、『文部省の定めたような学課が万遍なくできる様な秀才が何になる、湯川は京都の小川の倅でな、オリジナリティーがある、これが大事だ、規則通りの老人の型にはまった人間じゃない』と跳ね返ってきた」と。長岡半太郎も八木秀次も湯川と菊池に大きな期待と信頼を寄せていた。

菊池研のグループと湯川たちが食堂がわりに使っていた菊池食堂には面白いエピソードがある。1937（昭和12）年に大阪帝国大学に入学し、後に大阪大学理学部教授になった内山龍雄によると[注2]「食堂といっても名ばかりで、要するに部屋の真ん中に実験用の大きな机が一つあるだけで、隅には有毒ガスの出るものを実験するのに使うドラフトがある」仕様だった。昼食と議論に賑やかな部屋だったが、一組の碁と数組の将棋の用具もあった。碁は湯川と菊池が対局を組むことが多く、将棋は坂田や山口（菊池研助教授）そして学生が競い合った。いつしか、将棋が長引くようになって、遂に、菊池の厳命で昼の将棋が禁止される事態になったという。

それだけではない。菊池正士は、「昔阪大で湯川、坂田両君がひどい目にあったことがある」と振り返っている[注3]。菊池食堂（実験室）で中性子の実験に使うパラフィンを加熱してとかしているとき火事になり、消火のためにぶっかけた水が爆発を引き起こし、ちょうど助けに飛び込んできた湯川と坂田がまともに熱風を受け顔面に大火傷を負ってしまった。特に坂田の顔の皮は一皮むけて数日間、阪大病院に入院、

湯川も顔と手に包帯をして登校したという。二人とも眼鏡をかけていたのが不幸中の幸いであった。

そんな出来事もあったが、物理教室の隅にあった菊池食堂界隈はいつも熱っぽい、活発、アカデミックな空気がたちこめていた。

坂田昌一は湯川が京都帝国大学の講師であった（1932年）ときの湯川の最初の学生である。1934年に湯川の招きで大阪帝国大学理学部の助手となる。そのとき湯川は助教授であった。それ以来、湯川と共に中間子論を発展させ、名古屋大学教授として戦後に素粒子の坂田モデルを提唱し、日本の素粒子物理学を牽引してきた。その坂田が湯川理論について次のように総括している[注4]。

「湯川理論の形成は、日本に生まれ、日本に根を下した学問の歴史として極めて重要な意味を持っています」「この理論が、当時設立間もない大阪大学において生まれ、その発展が民間研究機関である理化学研究所を触媒として、全国的な協力の下に行われました」「東大や京大のような古い伝統と権威をもった国立大学は、一九三〇年代初期における核物理学のような、新しい学問を生み出す場とは、なりえなかったのであります」

以下では、湯川理論の形成と共に、湯川秀樹博士が大阪帝国大学時代に繰り広げた個性ある活動と、博士の人間味溢れる人柄を残された膨大な史料とともに見ていこう。

２．略年表

湯川は1907（明治40）年１月23日に生まれた。1929（昭和４）年京都帝国大学理学部物理学科を卒業、1933（昭和８）年大阪帝国大学理学部講師（兼任）、翌1934（昭和９）年には専任講師となる。1936（昭和11）年に助教授に着任、1939（昭和14）年まで大阪帝国大学で研究に打ち込む。大阪帝国大学にて中間子論を創始、展開し、このときの論文が1949年のノーベル物理学賞に輝く。1938（昭和13）年に大阪帝国大学より理学博士の学位を授与される。

1907 - 1932

大阪大学（旧大阪帝国大学）に勤務するまで

1907（明治40）年１月23日
地質学者、小川琢治の三男として東京に生まれる

1908（明治41）年 １歳
父が京都帝国大学教授となり、京都に転居

1923（大正12）年 16歳
京都の第三高等学校に入学 理科甲類

1926（大正15）年 19歳
京都帝国大学理学部物理学科に入学

1929（昭和4）年 22歳
京都帝国大学理学部物理学科卒業
4月12日 同大学理学部副手となる

1932（昭和7）年 25歳
京都帝国大学理学部講師となる
湯川スミと結婚
大阪市東区内淡路町に住む

大阪大学（旧大阪帝国大学）時代

1933（昭和8）年5月13日
大阪帝国大学理学部講師を兼ねる

1933（昭和8）年4月　26歳
仙台で八木秀次と面会する
大阪帝国大学へ移る意向を固める

1934（昭和9）年4月
中之島の大阪帝国大学理学部新館に移る

1934（昭和9）年3月31日　27歳
京都帝国大学理学部講師を解かれ
大阪帝国大学理学部専任講師となる

1934（昭和9）年7月1日
西宮市苦楽園の新しい住居に移る

1934（昭和9）年11月
日本数学物理学会の欧文誌に論文「On the Interaction of Elementary Particles. I.（素粒子の相互作用についてI）」を投稿、翌年2月に掲載される
この研究が1949年ノーベル賞受賞につながる

1936（昭和11）年3月31日　29歳
大阪帝国大学理学部助教授となる

1938（昭和13）年4月5日　31歳
大阪帝国大学より理学博士の学位を取得する

1938（昭和13）年
「理論コロキウム記録」をつけ始める

1939（昭和14）年　32歳
ソルベー会議（10月）に招待される
戦争勃発のため会議は中止（無期延期）となる

1939 - 1949

1943（昭和18）年　36歳
文化勲章を受章する

1948（昭和23）年　41歳
プリンストン高等研究所に招かれ渡米

1939（昭和14）年5月
京都帝国大学理学部教授となる

1946（昭和21）年　39歳
欧文学術誌「Progress of Theoretical Physics（理論物理学の進歩）」を創刊する

1949 - 1950

ノーベル物理学賞受賞の年以降

1949（昭和24）年12月
核力に関する中間子理論により
ノーベル物理学賞を受賞する

1949（昭和24）年　42歳
コロンビア大学客員教授となり
ニューヨークに移る

1950（昭和25）年　43歳
大阪大学名誉教授となる

1953 - 1981

1953（昭和28）年　46歳
京都大学基礎物理学研究所が新設され所長となる

1957（昭和32）年　50歳
第1回パグウォッシュ会議に出席

1970（昭和45）年　63歳
京都大学を定年退官

1981（昭和56）年9月8日
京都市下鴨の自宅で永眠

1953（昭和28）年11月
大阪大学湯川記念室発足

1962（昭和37）年　55歳
朝永振一郎氏、坂田昌一氏らと
第1回科学者京都会議を開く

1981（昭和56）年　74歳
第4回科学者京都会議を主催する

3. 整理の美学
―封筒は時代を語る

　湯川は類まれなほど几帳面な人だった。大阪帝国大学に1933（昭和8）年着任して以来、湯川は自分が書いた講演原稿、論文草稿、ノートのみならず、自分が参加する談話会や学会のプログラム、手紙などほぼすべてをトピックごとに整理して保存していた。几帳面なだけではない。その整理の仕方が素晴らしい。

整理に使った茶封筒

　湯川は大きな茶封筒を様々な書類の整理に使った。多くは自分宛に送られてきた郵便の封筒の再利用である。封筒の表には、毛筆で時々のテーマを書き綴る。毛筆の英語は踊るように美しい。湯川の素養と人となりがにじみ出ている。

［封筒1　素粒子の相互作用I（1934）］

　湯川の整理はこの茶封筒より始まる。大阪帝国大学に着任して2年目である。物質を構成する原子、その中心にある原子核、その原子核を構成する陽子と中性子を結びつける力はどんなものか。この謎を解くために日々明け暮れていた湯川にガンマプライム線（γ'ray）（今でいうパイ中間子）のアイディアが浮かんだのは1934（昭和9）年10月9日のことだった。この封筒には当時の貴重な講演原稿、論文原稿等が収められていた。封筒の表側には毛筆で「Interaction of El. Particles, I, 1934」と記されている。無造作に書かれた英語も調和がとれて美しい。表にはOsaka Imperial Universityの英語表記が、裏側には「大阪帝国大学理学部　物理学教室」の日本語表記が印刷されている。

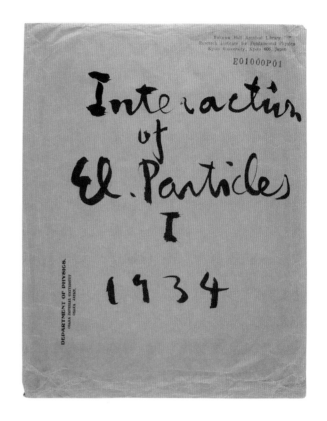

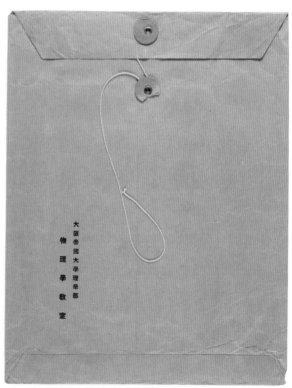

封筒1　素粒子の相互作用I（1934）

達筆のカリグラフィー

　湯川は封筒の表にその時々のテーマを毛筆で綴る。湯川は書道にもたけ、遊び心でこのスタイルを育てたのかもしれない。毛筆の英語文字には現代書道（カリグラフィ）に通ずる美意識がある。絶妙なかすれ、濃淡、力線、そしてくずれた文字、きっと気楽に書いたに違いない筆跡に、研究の合間に漂う湯川の朗らかさを垣間見る。

［封筒2　内部対生成（1935）］

　1935（昭和10）年の対生成（Pair Production）に関する原稿などがこの封筒に収められていた。封筒の表紙には湯川の毛筆で「Internal Pair Prod. 1935」と記されているのが美しく輝く。この茶封筒は湯川宛のものだが、住所は「大阪市　大阪帝国大学理学部　物理学教室　湯川秀樹様」となっている。

［封筒3　ベータ崩壊］

　1935年当時のベータ崩壊に関する論文原稿が収められていた。表紙には湯川の毛筆で「β Disintegration」（ベータ崩壊）と記されている。特に"β"と"D"の文字の毛筆のかすれが絶妙に美しい。

　湯川は兵庫県西宮市苦楽園の自宅より大阪市北区中之島にあった大阪帝国大学理学部に通っていた。この封書は大学の同僚より「兵庫県武庫郡　西ノ宮苦楽園バス停留所ノ前　湯川様」宛てに送られたものである。

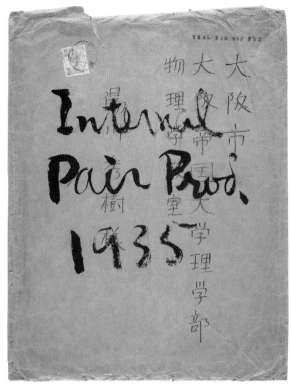

封筒2　内部対生成（1935）

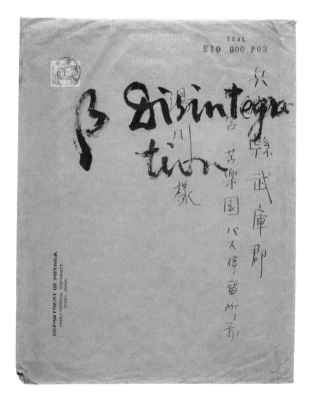

封筒3　ベータ崩壊（1935）

1930年代という時代

　湯川は自分に送られてきた郵便の封筒を整理封筒として再利用していたのだが、そこに書かれている宛先住所を見ると面白い。［封筒2　内部対生成（1935）］では「大阪市　大阪帝国大学理学部」、［封筒4　素粒子の相互作用II（1937）］では単に「大阪帝大理学部」とだけ記されている。この時代、住所なしで「大阪帝大」だけで無事、郵便物は届いたのだ。自宅宛の［封筒3　ベータ崩壊］では自宅住所が「兵庫県武庫郡西ノ宮苦楽園バス停留所ノ前」となっている。「苦楽園バス停留所ノ前」は公認住所として通用したのだ。

［封筒4　素粒子の相互作用II（1937）］

　1937（昭和12）年の夏から秋にかけての史料が収められていた。宇宙線と核力の観測、実験事実の考察から論文「On the Interaction of Elementary Particles II.」に至る過程である。共同研究者の坂田昌一や武谷三男のノートや葉書も含まれている。

［封筒5　遅い中性子の理論（II）（1937）］

　日本数学物理学会から「大阪帝国大学理学部　湯川秀樹様」宛に送られたものの封筒を使っている。この中には日本数学物理学会誌に投稿された総合報告「遅い中性子の理論（II）」の原稿（史料OU1937-C7）、初稿、試し刷りが収められていた。珍しく日本語でタイトルを書いている。

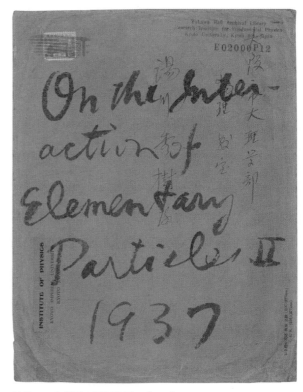

封筒4　素粒子の相互作用II（1937）

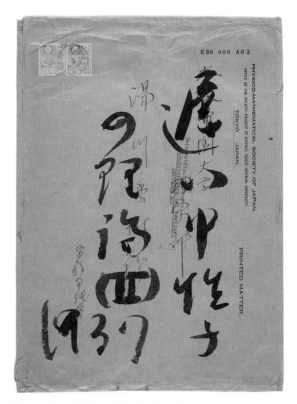

封筒5　遅い中性子の理論（II）（1937）

第2章
かくして研究は始まった

1. 閃いたアイディア

1934（昭和9）年10月、原子核の中にある陽子や中性子をばらばらにならないよう結びつけている力（核力）はどんなものか、湯川は考えを巡らす。原子核は陽子と中性子と呼ばれる粒子がくっつくことによってできている。そしてすべての原子は原子核を中心に電子が取り囲んでできている。これらの電子の振る舞いは1925（大正14）年に確立された量子力学（量子論）によって説明された。電子と原子核を結びつける力は電気的引力（クーロン力）である。水素原子はマイナス（負）電荷を持った電子とプラス（正）電荷を持った陽子が電気的引力で結びついている。陽子の質量（重さ）は電子に比べて1800倍ぐらい大きい。1932（昭和7）年には陽子の仲間の中性子が見つかった。中性子は電気的には中性で陽子とほぼ同じ質量を持つ。酸素原子は原子核を中心に電子8個が回っている。酸素の原子核は8個の陽子と8個の中性子で成り立っている。

では原子核中の陽子と中性子を結びつける力は何か。それは電気的な力ではありえない。なぜなら陽子同士は同じプラス電荷を持つので反発しあうし、中性子は中性で電気的な力が働かない。にもかかわらず陽子と中性子は引きつけあって結びついている。湯川は学生時代からこの謎の解明に取り憑かれていた。それは当時の物理学の最先端のテーマであった。

湯川は見直す。電子と陽子が引きつきあうのは電気的なクーロン引力による。最先端の量子論によれば光もまた粒子（光子と呼ばれる）であり、クーロン引力は電子が光子を放出し、その光子を陽子が受け取ることで生まれると理解できる。もしそうだとすれば、陽子と中性子の間に働く引力も、陽子がある粒子を放出して、その粒子を中性子が受け取ることで説明できるのではないか。何か新しい未知の粒子があるに違いない。

湯川は興奮した。この新しい粒子をなんと呼ぼうか。光の粒子（光子）はγ（ガンマ）線とも呼ばれる。その類推でγ'ray（ガンマプライム線）と名付けよう。湯川は1934年の自身の日記に刻んでいる[注1]。

十月九日　火曜　晴　暑
六時半起床。
浅田さんのコロキウム、東出さん七時頃になる。
γ'ray について考へる。

十月十日　水曜　晴　暑
六時半起床。
γ'ray の考へを坂田君に話す。
午後四時半頃から堂島空地で野球練習。

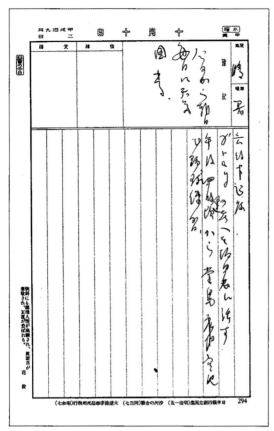

日記　1934（昭和9）年10月10日[注1]

十月十一日　木曜　晴　暑
六時半起床。登校。午後演習、談話会、池原、山口。
γ'ray の話、菊池さん等と話合ふ。

十月十二日　金曜　晴　風強し
昨夕食、阪急食堂で支那そばを食べた所、生やけでかたく、夜から腹痛む、朝下痢する。
行きがけに、阪急で春ちゃんの靴、運動靴買ふ。
登校、相変らずγ'ray のことを坂田君と議論する。

「γ'ray」の言葉が現れるのは10月9日が最初だ。10月10日の坂田君とは坂田昌一氏のことである。この日、中之島堂島空地で野球練習とある。大阪帝国大学理学部の教職員と学生がチームを組んで野球の試合をした。湯川は物理学教室教職員チームの二塁手でその練習に励んだ。10月11日には大御所の菊池さん（菊池正士教授）にもγ'ray の話をしたとある。このとき菊池は「電気を持った粒子なら、ウィルソンの霧箱で捕らえられるはずですね」とコメントし、即座に湯川は「そうです。宇宙線の中になら、そんな粒子が見つかってもいいですね」と答えたという[注2]。10月12日にも坂田昌一氏と相変わらずγ'ray のことを議論した。大学への登校の途中、ご子息の春ちゃん（春洋氏）の運動靴の買い物をしたとある。湯川の子煩悩ぶりが目に浮かぶ。

この後1か月、湯川はγ'ray の正体を暴くべく凄まじく研究に没頭する。陽子がγ'ray を放出して中性子になるとすればγ'ray も電荷をもつ粒子でなければならぬ。この粒子がまだ観測されていないとすれば、それはγ'ray が原子核の中に閉じ込められている、言い換えれば、放出されても到達距離が原子核の大きさぐらいにとどまるからではないか。それはなぜか。この粒子はどんな方程式によって記述されるのか。湯川の考察は怒号のように突き進む。

［講演原稿1　素粒子の相互作用について（1934）］

10月27日、湯川は日記に「午後二時より三階小会議室で charged quantum の理論の話する。帰宅六時」と記している。この時の講演原稿である。10ページにわたるが、決して完成されたものではない。自分が話そうと思うことを講演口調で書き連ねているが、途中からは考えあぐねてばつ印で削除したり、疑問符のついた数字が散らばる。

冒頭「先達お話した Fermi のベータ線崩壊の理論は相当うまく実験を説明してる様に見えるが、この理論では中性子と陽子の相互作用を説明できない」と切り出す。電磁相互作用との類推を推し進め、中性子と陽子が新しい電荷を持った粒子を交換し、クーロンポテンシャルの代わりに今でいう湯川ポテンシャルができると主張する。

5ページ目ではこの新粒子にまつわる波長と力の大きさを原子核の質量欠損や散乱過程での速度依存性のデータから決めようとしている。新粒子とは、

講演原稿1　素粒子の相互作用について（1934.10.27）（左：1ページ目，右：5ページ目）

今でいう荷電パイ中間子である。アナロジーに始まり、相対論的な方程式を解き、陽子、中性子との相互作用の形を決める、眩いばかりの講演であった。

　この後、11月17日に開催された日本数学物理学会の東京大学での例会で講演し、原子物理学の中心的存在で、湯川が慕っていた仁科芳雄博士に激励される。そのときに準備していたのが11月1日付けの次の論文原稿である。

［論文原稿1　素粒子の相互作用について］

　これぞノーベル賞受賞につながる湯川の歴史的な論文の手書きの原稿である（日付：1934年11月1日）。湯川はそれまで論文を発表していなかった。10月初旬に閃いたγ'ray（ガンマプライム線）のアイディアはここに核力を媒介する新しい粒子（中間子）として結実する。粒子間に働く力を説明するのに新粒子を導入するという発想自体が革命的であった。湯川は様々な実験データから、この新粒子の質量や力の大きさを見積もる。世界中の他の物理学者には考え及ばなかったことなのだ。

　湯川は論文原稿を大阪帝国大学物理学教室のノート用紙にしたためる。湯川愛用の用紙である。湯川の英語の筆跡は美しくなめらかである。原稿の最後の部分（13ページから14ページ）で、素粒子の相互作用は電子よりずっと重い、電荷を持ったボーズ粒子（量子）によってうまく記述できると結論する。また、この新粒子は宇宙線として観測できるかもしれないと指摘している。だが、考察は未だ「推測」の段階にあることも認める。湯川は、科学者として厳しく謙虚であった。

　この論文は1934年11月30日付で受理され、出版される。湯川にとって最初の論文であった。後年、湯川は自著『旅人―ある物理学者の回想』、「苦楽園」の締めくくりの部分で、このときの自身の気持ちを「坂路を上ってきた旅人が、峠の茶屋で重荷をおろして、一休みする気持にたとえることもできよう」と綴っている[注3]。

　また別の著書『創造的人間』、「中間子以後三十年」

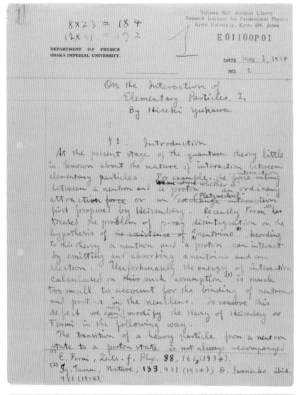

論文原稿1　素粒子の相互作用についてI（1934.11.1）
（左上：1ページ目，右：13ページ目，左下：14ページ目）

の節では、湯川はこのとき「あとから考えると不思議なくらい強い自信を持っていた」「当時まだ中間子の存在の直接的証拠が全然なかったのに、こういう自信を持てたのであるからいよいよ奇妙である。その後の一、二年の間に、私の自信は何度も動揺したが、これもまた奇妙である」とも述べている注4。

2. 使命感に溢れる講演

　興味深いことに湯川は多くの場合、講演の原稿をことごとく喋り口調で用意する。原稿はあたかも聴衆が目の前で聞いているように書き綴られていく。湯川独自の筆記体で、論理構成に細心の注意を払いながら書き進む。物理学教室の学生や同僚、あるいは専門的な研究者、そして一般市民を相手に量子物理学、近代物理学の面白さと重要性を語る湯川には満ち溢れた使命感が漂う。

　一つ驚くべきは物理の仲間達への講演の頻度と多様さである。湯川は1925年に生まれ確立した量子力学（ミクロの世界を記述する基本理論）が今後の物理学のすべての領域の基礎となることを誰よりも明確に認識していた。物理の仲間には、自身が専門とするベータ（放射線）崩壊やディラックの海（真空中の電子の海）などの原子核物理だけでなく、金属や結晶の性質（物性物理学）や統計力学でも量子力学がいかに重要であるかを丁寧に説明しようとする。

一般の人にはこうした近代物理学の考え方が実は常識の世界に近いことも語る。湯川の使命感に溢れた研究、教育、啓蒙活動が心に響く。

［講演原稿2 原子核、陽電子（1935）］

横書きの大阪帝国大学理学部物理学教室原稿用紙に書かれている。物理学教室の学生と教員向けに当時の原子核の問題と陽電子（電子の反粒子）の発見に関することを丁寧に説明している。「今日のお話は大変大ざっぱな話で、…復習のつもりで御聞とり願ひます」と切り出すが、実はかなり高度な最先端の話題を順序よく解説している。湯川は、講演を準備する際、話口調そのままで原稿を書くのを常にしていた。

様々な原子核、アイソトープの質量欠損の実験データの解説から始まり、原子核反応のデータも交えて核力の問題に迫る。中性子についてはチャドウィック（Chadwick）の様々な実験を引き合いに出す。

その後の陽電子に関する話は圧巻である。まずアンダーソン（C. Anderson）が宇宙線の研究の過程でいかに陽電子を発見したかを実験観測の詳細に踏み込んで解説する。観測された粒子が、電子と同じ質量を持ち、電荷が陽子と同じであることを実験的にいかに確認したかの解説である。湯川は原稿の欄外に「Andersonは之を positive electron or positron、従来の electron を negative electron or negatron となづけた」のコメントを付け加えているのも面白い。

最後にディラック（Dirac）の陽電子の理論の解説が始まる。歴史的にはディラックの論文がアンダーソンの発見より先であったのだが、その当時、ディラックの論文を理解し、陽電子の存在を理解した物理屋はほとんどいなかった。ディラックは真空中の電子の海の孔（つまり電子の欠落）が陽電子として振る舞うことを明らかにし、この粒子を anti-electron（反電子）と名付けたと湯川は印象深く解説している。

1932年の中性子と陽電子の発見は物理学の大変革をもたらすことになった。この息をのむような最先

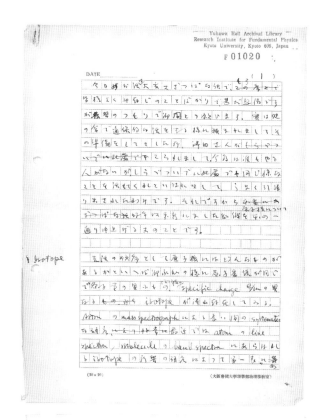

講演原稿2 原子核、陽電子（1935）
（上：1ページ目，下：21ページ目）

端の物理の展開を実験、理論の両面から論理的に分かり良く正確に説明できる物理学者がいたのは、当時の日本では大阪帝国大学と理化学研究所（理研）だけであった。

[講演原稿3　金属の凝集力について（1935）]

阪大物理学教室での第67回物理談話会（1935（昭和10）年12月19日）での講演原稿である。金属の結晶構造や金属中の電子の配位（状態）を量子力学の見地から解き明かそうとする。多数の原子が集まってできる結晶の構造がいかに量子効果によって引き起こされる力で決まるか、物質の構造を理解するのに量子力学が本質的であることを物理学教室の仲間に解説している。現在の物性論の基礎となることであるが、当時の日本ではわずかな人しか理解していなかった。7ページ目ではナトリウム（Na）や銅（Cu）中での電子の波動関数の振る舞いをウィグナー－ザイツ論文からコピーして描いている。

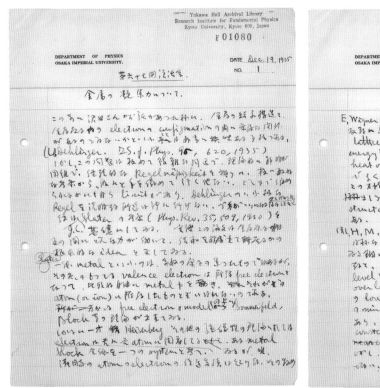
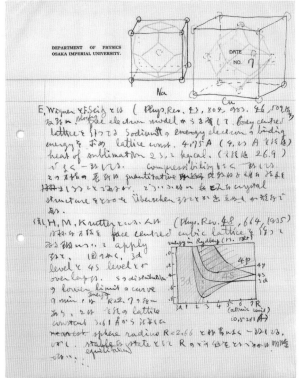

講演原稿3　金属の凝集力について（1935.12.19）（左：1ページ目，右：7ページ目）

［講演原稿 4 数物講演「ベータ崩壊」（1935）］

坂田昌一との共同研究に基づく日本数学物理学会（1935年 7 月 6 日）での講演の原稿である。この原稿は Part II で、Part I では放射性原子核における光を伴わない遷移について報告している。Part II ではフェルミ（Fermi）の理論に沿いながら、ニュートリノの存在を仮定し、ニュートリノの質量がゼロの場合、あるいはニュートリノがゼロでない質量をもつ場合はその大きさによって、どのような崩壊過程が可能かを調べている。

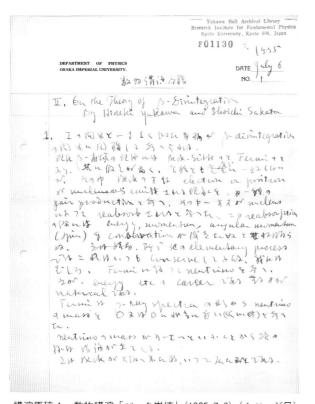

講演原稿 4 数物講演「ベータ崩壊」（1935.7.6）（1 ページ目）

［講演原稿 5 Fe，Co，Ni が強磁性を有する理由］

1936（昭和11）年 5 月21日の物理学教室談話会でFe（鉄），Co（コバルト），Ni（ニッケル）が強磁性（磁石の性質）を有する理由を解説した。スレーターの論文の解説である。量子力学に基づき、Fe，Co，Ni の強磁性がいかに生じるかを議論する。いろいろな物質の性質（物性）を理解するのに量子力学が決定的に重要であることを同僚たちに納得させようとしている。物理学のパイオニアとしての意気込みに満ち溢れている。

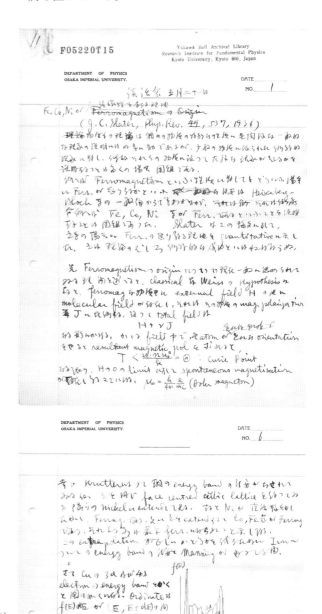

講演原稿 5 Fe，Co，Ni が強磁性を有する理由（1936.5.21）
（上：1 ページ目，下：6 ページ目）

　これは1936年7月4日（土）開催の第8回日本数学物理学会大阪支部常会での講演「薄い層による中性子の遅緩」のための原稿であるが、その後に執筆する論文のための考察、計算のまとめの形をとっている。この原稿をもとに論文がまとまっていく。詳細な計算式も記されている。途中の考察過程でのいろいろな模式図が描かれ、湯川がいかに論理を組み立てていったかがわかる。

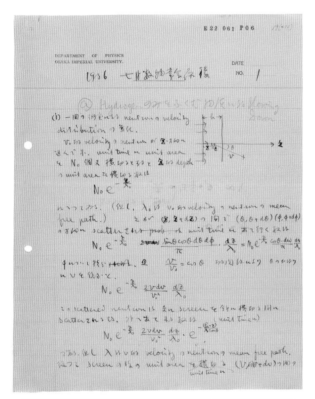

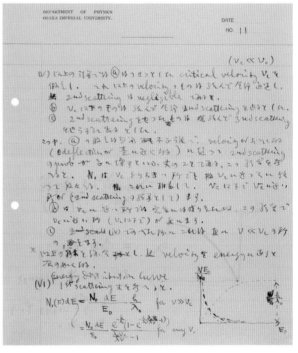

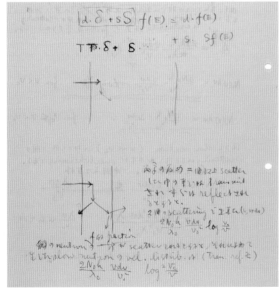

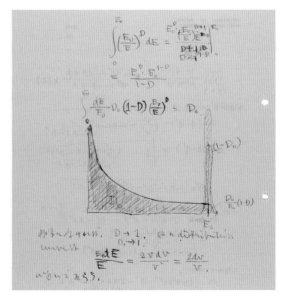

講演原稿6　7月数物常会原稿（1936）（上左：1ページ目，下左：9ページ目の裏面，上右：11ページ目，下右：16ページ目の裏面）

［講演原稿 7 重量子の理論について］

　1937（昭和12）年 8 月19日、理化学研究所での講演のための原稿ノートである。1 ページ目は、原稿の形をとって問題説明、これまでの観測、理論の状況等をまとめている。口調も「小生も最近……」と半分喋り口調だが、原稿用紙にしたためる講演原稿とは違って計算の論理過程をまとめたメモとなっている。

　考察の動機として、当時、宇宙線の観測で見つかった電子と陽子の中間の質量を持つ荷電粒子を記述することと、もう一つ原子核の構造を理解することを挙げている。湯川にとっては、この二つは同時に考えるべきものであった。まず宇宙線が物質中を通過する際にエネルギーを失っていく過程の解析から始める。物質中のイオン化、光の放出、原子核との散乱や原子核中への捕獲等を系統的に分析する。そのまとめ（3 ページ目の後半）で、電荷は正か負、質量は電子の200倍程度であること、さらにスピンが 0 か整数であると述べている。スピンが 2 分の 1 （半

整数）である可能性をなぜ考えなかったのか、よく分からない。この時見つかっていた宇宙線の粒子はミュウ粒子で、スピンは 2 分の 1 であることが後に判明した。

　4 ページ目からは、上記の宇宙線粒子（重量子）を記述する理論（ハミルトニアン）を作る。具体的に重量子の場（U 場）と陽子・中性子の場との相互作用を書き下してその帰結を探っている。もし重量

講演原稿 7　重量子の理論について（1937.8.19）（左：1 ページ目，右上：3 ページ目，右下：4 ページ目）

子場がスカラー場であれば、陽子と中性子の束縛状態である重陽子（deutron）の基底状態はP状態（回転状態）になってしまい、正しいかどうか分からないと述べている。現在では湯川の重量子（中間子）はパリティ（左右を反転したときの振る舞い）がマイナスの擬スカラー場であることがわかっている。最後には、未解決の問題を列挙し話のまとめとしている。

[講演原稿8　談話会「量子論から見た音と熱」]

　1938（昭和13）年2月10日（木）に大阪帝国大学理学部大講義室で開催された第124回物理談話会での講演の原稿である。講演は音の熱力学的な理解と物質中の熱の量子論による理解に当てられている。冒頭、「私はこれらの方には専門的な知識がないのでありますが」、「表面的な話になっているかもしれません」と断りを入れている。ホッジ、ハバード、ラトガース、パイエルス、アインシュタイン、デバイなどの論文を紹介している。現在の物性論の基礎となる話題の一つで、物理学教室でも量子力学を理解している人が少なかった時代、学生や同僚たちに量子力学の重要性を伝えようとしていた。

講演原稿8　談話会「量子論から見た音と熱」（1938.2.10）（左：冒頭に付け加えられたページ，右：3ページ目）

[講演原稿 9　談話会「宇宙線理論の近況」]

　1938年11月10日に大阪帝国大学理学部大講義室で
開催された第144回物理談話会での講演の原稿であ
る。湯川はちょうど２年ほど前の1936年11月26日に、
この物理談話会で「宇宙線に関する理論の現状」の
総合報告をしたことから話を始める。それ以来、実
験、理論で著しい発展があり、宇宙線のシャワーが
電子や光子らしいこと、ソフト成分とハード成分が
あること、ハード成分は電子と陽子の中間の質量を
持つ「重い電子」らしいことなど、宇宙線の解釈が
大きく変わったと述べる。物理談話会とはいえ、か
なり高度な議論をしている。

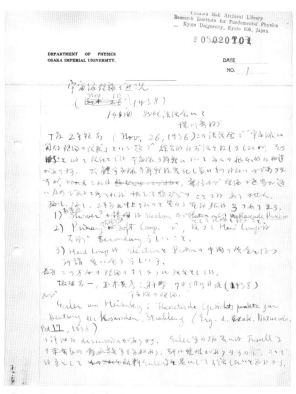

講演原稿 9　談話会「宇宙線理論の近況」(1938.11.10)
（1ページ目）

第3章

友は打ち明ける

　湯川秀樹と朝永振一郎は京都帝国大学での同級生で共に物理学を学び、ライバルとしてまた盟友として物理学の新しい時代を作り上げた。二人の交流は卒業後も続く。若き時代に二人が交わした手紙のやり取りから、原子核内部に潜む核力の正体の解明から素粒子物理学へと展開する研究現場の試行錯誤の苦闘が蘇る。手紙の文面の至るところに友としての心情が吐露され、人間味が溢れている。湯川は朝永から受け取った手紙を大切に保存していた。

1. 大阪に行かれる由
……いよいよいいでせうね

[手紙1　朝永から湯川へ（1933）]

　7枚にわたる手紙で、日付はない。湯川が朝永に送った論文や書簡に対する返事で、1933（昭和8）年の初期に送られたと推定される。湯川は1933年に大阪帝国大学理学部講師（兼任）、翌1934（昭和9）年には大阪帝国大学理学部専任講師となった。

　この頃、湯川も朝永も核力の解明に明け暮れ、お互いに自分の考えを報告しあっている。この手紙では、朝永は「小生の方はただの計算ですから途中のprocessは別に面白くないと思ひますから省きますが」と切り出して説明を始める。中性子と陽子の反応に関するハイゼンベルクの理論を分析しつつ、今でいう湯川ポテンシャルを仮定して重水素の質量欠損を説明しようとしている。

　1枚目の裏には、湯川の手計算が書き記されている。朝永は手紙の2枚目で陽子や中性子の周りのポテンシャルの形と大きさを見積もっているが、湯川はその値が気になったのだろう。自分の見積もりと比較している。波数 λ は（中間子の）質量と関係しているのだが、湯川は電子の波数を計算して 3×10^{10} cm^{-1} を得ている。朝永はポテンシャルを特徴づける値として 4×10^{12} cm^{-1} から 7×10^{12} cm^{-1} を考えている。この100倍から200倍の食い違いは不可解であった。

　朝永は手紙の4枚目に3種類のポテンシャルを描いた方眼紙を貼り付けている。お互い自分のアイディアを打ち明け、詳細に説明する。

　手紙の最後のページ（7枚目）では、「先日は迷子の書物のことについて貴兄にも御心配をかけたそうで誠に有難く思って居ます」と礼を述べた後、「大阪へ行かれる由およろこび申します。新興の大学故　活気があって面白いことと思って居ます。菊池さんなどが行かれたらいよいよいいでせうね。当方坂田君

お手紙拝見してお返事を書かう書かうと思ひつつ つい おくれてしまって申沢ありません。又 Faraday lecture 御送り下さって有難う。貴兄の論文拝見しました。electron wave に Quelle を考へるといふ試み大変面白いと思ひますが どうかして 困難をとりのぞいて進めればいいですね。しかし小生も少し考へては見ましたが どうも何も名案がないので残念です。仁科さんにもお見せしました。このごろ学術振興会 の仕事でしばらく 忙しいから少しまってくれひとあつでした。何れ又仁科さんその者でもお知らせします。小生のつもり計算もやうやし少し結局らしいつかへ出ましたから もう一すお知らせします。小生のつもりなって計算でこの途中の process は別に面白くないと思ふから省きますが 要するに neutron の proton に対する mass absorption coefficient は Heisenberg の theory によると。

$$\frac{\mu}{\rho} = \frac{\pi}{M \beta^2} \sum_{\ell=0}^{\infty} (2\ell+1)\left\{ [2-(-1)^\ell] \sin^2 \delta_{\ell,1} + [2+(-1)^\ell] \sin^2 \delta_{\ell,2} \right\}$$

但し H は proton の mass。 β はやっくら neutron の(proton は止ってゐた)とし別り velocity を v とすると $\beta = \frac{Mv}{2\hbar}$

とか $\delta_{\ell,1} \delta_{\ell,2}$ といふのは 行かといふと

$$\frac{d^2 \Phi_{\ell,j}}{d r^2} + \left[\beta^2 - \frac{\ell(\ell+1)}{r^2} - (-1)^j \mu_j \frac{M}{\hbar} J(r) \right] \Phi_{\ell,j}(r) = 0 \quad (*)$$

手紙1　朝永から湯川へ（1933）（左：1枚目表，右：1枚目裏）

$$\frac{M}{\rho} \quad 10 \quad H^2 A \times \frac{6.06 \cdot 10^{23}}{22.4 \times 10^3}$$

$$e^2 = 0.22 \times 10^{-18}$$

$$\lambda = \frac{mc}{\hbar} \quad \frac{mc}{\hbar} = 3 \times 10^{10}$$

$$\boxed{II}: \quad \delta_j = \frac{\pi}{2} + J \log \frac{P(2 \circ A)}{P\left(\frac{\mu}{4} A - \frac{\mu_j}{4} + \frac{1}{2}\right) P\left(\frac{\mu_j}{4} A + \frac{\mu_j}{4} + \frac{1}{2}\right)} = 2A \log 2.$$

$$A = \frac{\beta}{\lambda} \qquad \mu_j = \sqrt{1-4C_j} \qquad C_j = (-1)^j \frac{M}{\hbar} P$$

これから 高と同じ様に M^2 の mass def とよい様に P と $\hbar$ の μ に出してあいた。次に $v=3.3\times10^9$ の neutron に対して $\frac{e^2}{\hbar} = 0.22$ でよい様に λ ときめると

$$\boxed{I}: \quad \lambda = 10 \times 10^{12}$$
$$\boxed{II}: \quad \lambda = 15.5$$

次に λ を変へる から定まて、ひを変へると こっう curve

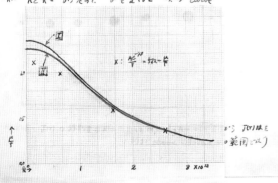

手紙1　朝永から湯川へ（1933）（左：4枚目，右：7枚目）

とにかく Heisenberg の Theory と Wigner か Majorana の Theory で 相当 量ひが出て来ますから 実験が はっきりすれば 行とか 結局が 定まってゐるのでこりう分けで何とも言へません。Program の実験で neutron を well させるらしい間にはわって以上 簡単ながら。御判り下さい。

先日は 遊子の書物のことについて 貴兄にも 御心庵をかけけもじ 減に有難く思って居ます。どうも物子をやっぱなしにしてある様かったった様です。大阪へ分が知れる由 およろこび申します。新奥の 大学校 治気があって面白いことと察して居ます 菊也さんなど行かれたら いよいよ いつでせうね。当方城内君来られて 例の ものをも少しなぎやかですが 来年は又さみしく成りまち。風が出る様にならまち。目室都は テニス 流行の由 こっらは 節球で その親方の センター なかなか 兄もつない。小生は 見物のみ。大分あついですが 御自愛いつまち 今度 Laporte 来る由。（20日ごろ後備）9月まで居るさうです 小生夏休は 帰るつもりです そのとき 又お目にかかりませう。皆さんよろしく。玉城先生 御先発は いつですか。書物づく金お返りにより 学術振興会で 木村先生来とをうれます （朝永）

来られて例のものおきも少しにぎやかですが来年は
又さみしくなりませう。鼠が出る様になりませう」、
そして「小生夏休みは帰るつもりです。そのとき又
お目にかかりませう」と述べている。菊池さんとは
菊池正士のことである。湯川と朝永の盟友は、大阪
帝国大学と理化学研究所が日本における量子物理学
のフロンティア・センターとなることをはっきりと
自覚していた。

最後に「振」とサインしている。

2. これは内証の話

[手紙2　朝永から湯川へ（1935.1.23）]

1935（昭和10）年1月23日、東京市本郷区駒込に
住んでいた朝永振一郎から湯川へ送られた書簡であ
る。当初、大阪市東区内淡路町宛に送られたが、湯
川はすでに西宮市六甲苦楽園に引っ越していた。湯
川スミの父、湯川玄洋宛に転送された。

「冬休みには色々お世話になりました……小生も珍
らしく風邪ひきません」の挨拶から本題にうつる。
前年（1934年）11月に湯川は有名な中間子論の論文
を発表した。朝永も大きな関心を寄せていた。こち
らは電子で原子核を壊す実験を仁科さん（仁科芳雄
博士）がやりたい様子で、その理論計算をやってみ
たが「案の定小さな値」で「あわれはかないものし
か出ませんでした」と表現しているのが面白い。「こ
れから少し貴兄の理論を使って見ようと思って居ま
す」ので湯川の論文の原稿のリプリントか校正刷の
コピーを送って欲しいと頼んでいる。また、先日、
小林君（小林稔）から坂田君（坂田昌一）へ手紙し
たことは、自分と小林君がコーヒー店でやった
Discussionでしたので、後で見直したら、「あんなこ
とは申上げなくてもよかった」と記している。手紙
の最後の方では、「仁科さんは小林君と僕と一しょに
したあの計算をなかなか書き上げてくれないので閉
口です。ラジオや色んな雑誌に書く方はあとにして
くれるといいのになど勝手なこと思って居るのです
がこれは内証の話」とぼやいている。湯川と朝永は
心を打ちあける友であった。

左記へ御轉送被下度候

兵庫縣西宮市
六甲苦樂園
湯川玄洋殿

湯川玄洋留守宅

東京市本郷区駒込富士前町三
朝永振一郎

大阪市東区内淡路町
一丁目

湯川秀樹様

手紙 2　朝永から湯川へ（1935.1.23）

3. どこか暖かい所へ行ってみたい

[手紙3　朝永から湯川へ（1935.2.7）]

　1935年2月7日に朝永振一郎から湯川へ大学宛に
送られた書簡。宛先住所は「大阪市大阪帝国大学
理学部物理学教室」となっている。この手紙は、2
週間前の1935年1月23日付の朝永から湯川への手紙
の後、湯川が朝永に論文原稿のコピーを送り、その
返答である。研究の近況を述べているが、この手紙
では英語は使わずカタカナで「ニウトロン、クロス
セクション」と綴っているのが面白い。最後に「今
度の祭日にはどこか暖い所に行ってみたい」「四月の
会には大挙して行くつもりです」と締めくくってい
る。

手紙3　朝永から湯川へ（1935.2.7）

第2部

中間子論から
3年半、
博士号取得

31歳、1938年

第 4 章

ガリ版刷りのプログラム

　湯川は大阪帝国大学物理学教室での談話会や日本数学物理学会大阪支部常会で頻繁に講演した。その時々のガリ版刷り（昭和中期までよく使われていた謄写版印刷）のプログラムも湯川は大切に保存していた。これらのプログラムを見ると、当時の理学部や物理コミュニティの熱気が伝わってくる。保存袋として使っていた封筒とともにプログラムは時代を語る。

1．力学・物理数学談話会

[プログラム1　力学・物理数学談話会（第17回）]

　1936（昭和11）年12月16日に大阪帝国大学理学部第二小講義室で開催された力学・物理数学談話会（第17回）のアナウンス。湯川は「液体の分子状態及び電子状態」のタイトルで講演した。湯川は液体の分子状態を理解するのに量子力学が重要であると認識していた。講演者「湯川秀樹君」とある。

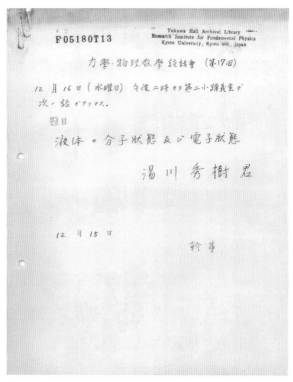

プログラム1　力学・物理数学談話会（第17回）（1936.12.16）

［プログラム2　力学・物理数学談話会（第24回）］

　1937（昭和12）年6月30日（水）に大阪帝国大学理学部第二小講義室で開催された力学・物理数学談話会（第24回）の通知。湯川は題目「F. London: General Theory of Molecular Forces.」で1936年9月出版のF. Londonの論文を紹介した。講演者は「Yukawa-Hideki Kun」と記されている。

プログラム2　力学・物理数学談話会（第24回）（1937.6.30）

2. 日本数学物理学会 大阪支部常会

　当時、数学分野と物理学分野は一緒になって日本数学物理学会を組織していた。本部は東京帝国大学内におかれ、年会は東京で開催されていた。大阪近辺では大阪支部が組織され、大阪支部常会が定期的に開催され、大阪帝国大学のメンバーは自分たちの研究結果を頻繁に発表していた。場所はいつも大阪帝国大学理学部3階大講義室で、毎回午後1時30分に開催されていた。

　大阪支部常会は年4回程度のペースで開催され、湯川および共同研究者は毎回近況を報告する。各講演は5分から15分のことが多い。常会の前半は数学、後半は物理学に当てられたことが多かった。プログラムに記された講演のタイトルから、当時の数学、物理学の研究状況がうかがえる。プログラムはガリ版で印刷され会員に配布されていた。縦書きの時も横書きの時もある。昭和30年代の時世を感じさせられる。

［プログラム3　数物学会大阪支部常会 (1936.7.4)］

　1936年7月4日（土）に大阪帝国大学理学部3階大講義室にて開催された第8回日本数学物理学会大阪支部常会のプログラムである。湯川は常会の最後に「薄い層による中性子の遅緩」（15分）の講演をした。プログラムの冒頭には「拝啓　時下向暑ノ折柄貴殿益々清栄何ヨリノ御事ト存ジマス」とある。

［プログラム4　数物学会大阪支部常会 (1936.9.26)］

　1936年9月26日（土）に大阪帝国大学理学部3階大講義室にて開催された第9回日本数学物理学会大阪支部常会通知。湯川と坂田は「DiracのGeneralized Wave Equationに就て」（10分）の講演をした。

第八回 日本數學物理學會大阪支部常會.

拝啓　時下向暑ノ折柄貴殿益々清栄何ヨリノ御事ト存ジマス
陳者　今般第八回日本數學物理學會大阪支部常會ヲ左記ノ通リ
開催致シマスカラ萬障御繰合セノ上御ンテ御出席願ヒマス。
　　　　　　　　　　　　　　　　　　　　　　草々

七月四日(土)　午後一時三十分ヨリ阪大理學部三階大講義室ニテ

1. Über Tschebysheff Doublesätze ニ就テ ------20分--- 小松醇郎君
1. Linear equation ニ就テ ------20分--- 泉信一君
1. On some integral equation (III) ------10分--- 泉信一君
1. On the non-homogeneous Linear Translatable functional equations (II) ------20分--- 北川敏男君
1. On quasi-metric spaces (II) ------15分--- 北川敏男君
　　　　（5分休憩）　3年ヨリ開始
1. On the Stability of a Double Row of Vortices with Unequal Strength in a Channel of Finite Breadth ------15分--- 弁在解夫君
1. Breaking up of a Torus of a liquid ------15分--- 今井功君
1. Note on the Breaking up a Torus a liquid ------10分--- 岡小天君
1. A New Derivation of the Formula solving a Kind of Dirichlet's Problem for a Ring Region ------10分--- 友近晋君
1. Note on the Modified Velocity-Transport Theory of Turbulent Motion ------15分--- 友近晋君
1. Distribution of Velocity and Temperature in the Turbulent Wake behind a Body of Revolution ------15分--- 友近晋君
1. 薄イ層ヨリ中性子ノ遮蔽 ------15分--- 湯川秀樹君

プログラム3　第8回数物学会大阪支部常会（1936.7.14）

第九回 日本數學物理學會大阪支部常會通知

9月26日(土)　午後1時30分ヨリ理學部三階大講義室ニ於テ

1. Über die Klassification halblinearer transformationen
　　　　　　　　　　　　　　　　　　　　(15分)--- 中山　正君
　-------- 5分休憩 午後1時50分ヨリ--------
1. 超遠心器内に於けるコロイドの沈降平衡に就て ----(15分)--- 岡　小天君
1. CO_2 の electronic band に関する一考案 --------(15分)--- 奥田　毅君
1. Dirac の Generalized Wave Equation に就て ----(10分)--- 湯川秀樹君
　　　　　　　　　　　　　　　　　　　　　　　　　　坂田昌一君
1. 中性子と原子との交互作用に関する異常現象 ------(20分)--- 菊池正士君
　　　　　　　　　　　　　　　　　　　　　　　　　　青木宏治君
　　　　　　　　　　　　　　　　　　　　　　　　　　伏見康治君
1. 宇宙線二次粒子の吸収に就て ------(20分)--- 伊藤順吉君
1. リーゼガング環に就て ------ 岡谷辰治君

プログラム4　数物学会大阪支部常会（1936.9.26）

[プログラム5　数物大阪支部常会（1936.11.28）]

　1936年11月28日（土）に大阪帝国大学理学部3階大講義室にて開催された日本数学物理学会大阪支部常会のプログラム。湯川は「素粒子の相互作用に就て（II）」（5分）の追加講演をした。湯川の講演題目が手書きで付け加えられている。

プログラム5　数物大阪支部常会（1936.11.28）

[プログラム6　数物大阪支部常会（1937.1.23）]

　1937年1月23日（土）に大阪帝国大学理学部3階大講義室にて開催された第11回日本数学物理学会大阪支部常会通知。湯川と坂田昌一は「γ-線計数管の能率に就いて」（10分）のタイトルで講演した。

プログラム6　数物大阪支部常会（1937.1.23）

[プログラム7　数物大阪支部常会（1937.3.13）]

　1937年3月13日（土）に大阪帝国大学理学部3階大講義室にて開催された第12回日本数学物理学会大阪支部常会通知。湯川と坂田昌一は「中性子と重水素核の衝突に就いて」（15分）のタイトルで講演した。

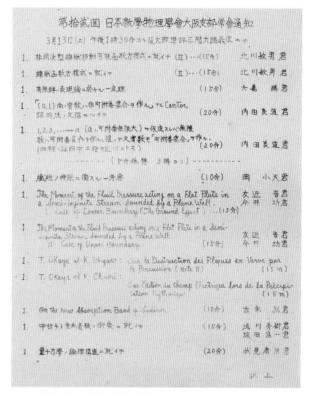

プログラム7　数物大阪支部常会（1937.3.13）

[プログラム8　数物大阪支部常会（1937.9.25）]

　1937年9月25日（土）に大阪帝国大学理学部3階大講義室にて開催された日本数学物理学会大阪支部常会のプログラム。湯川と坂田昌一は「素粒子の相互作用に就て（III）」（20分）の講演をした。

[プログラム9　数物大阪支部常会（1937.11.27）]

　1937年11月27日（土）に大阪帝国大学理学部3階大講義室にて開催された第13回日本数学物理学会大阪支部常会通知。湯川と岡山大介は「Note on the Theory of Multiplicative Showers」（10分）のタイトルで講演した。

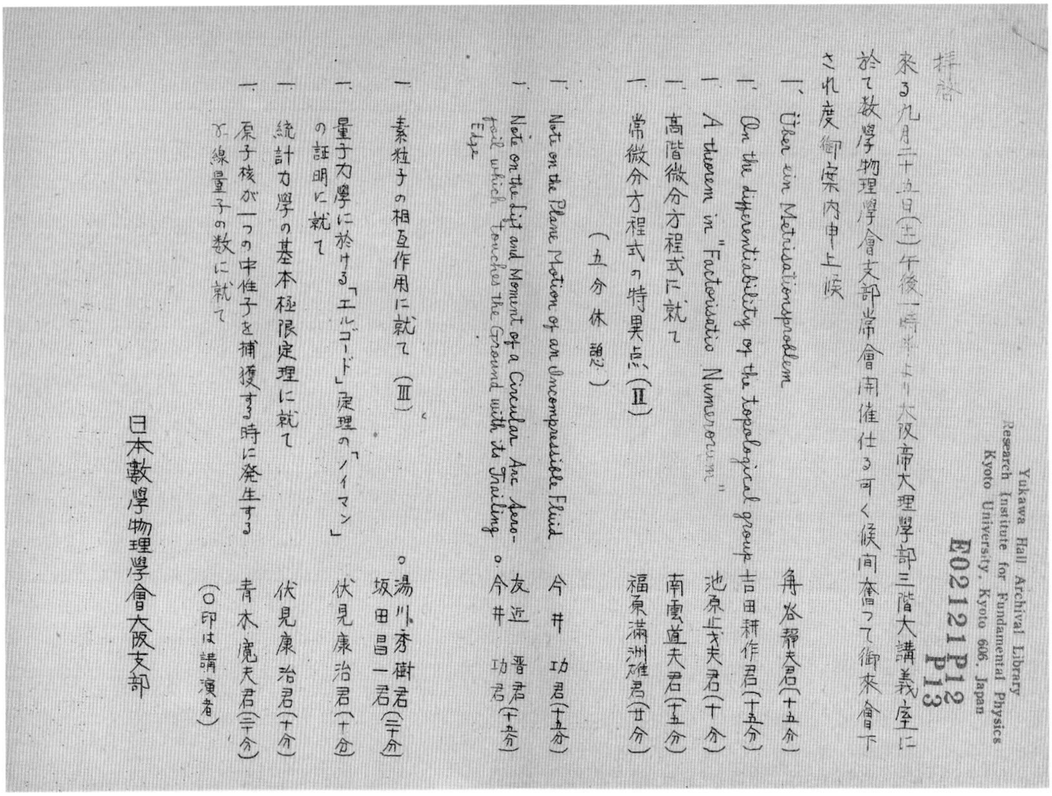

拝啓

来る九月二十五日(土)午後一時半より大阪帝大理學部三階大講義室に於て数學物理學會支部常會開催仕る可く候間奮って御來會下され度御案内申上候

一、Über ein Metrisationsproblem　角谷静夫君(十五分)

一、On the differentiability of the topological group　吉田耕作君(十五分)

一、A theorem in "Factorisatio Numerorum"　池原止戈夫君(十分)

一、高階微分方程式に就て　南雲道夫君(十五分)

一、常微分方程式の特異点(Ⅱ)　福原満洲雄君(廿分)

（五分休憩）

一、Note on the Plane Motion of an Incompressible Fluid　今井功君(十五分)

一、Note on the Lift and Moment of a Circular Arc Aerofoil which touches the Ground with its Trailing Edge　友近晋君 ○今井功君(十五分)

一、素粒子の相互作用に就て(Ⅲ)　○湯川秀樹君 坂田昌一君(二十分)

一、量子力學に於ける「エルゴード」定理の「ノイマン」の証明に就て　伏見康治君(十分)

一、統計力學の基本極限定理に就て　伏見康治君(十分)

一、原子核が一つの中性子を捕獲する時に発生するγ線量子の数に就て　青木寛夫君(二十分)

（○印は講演者）

日本數學物理學會大阪支部

プログラム8　数物大阪支部常会（1937.9.25）

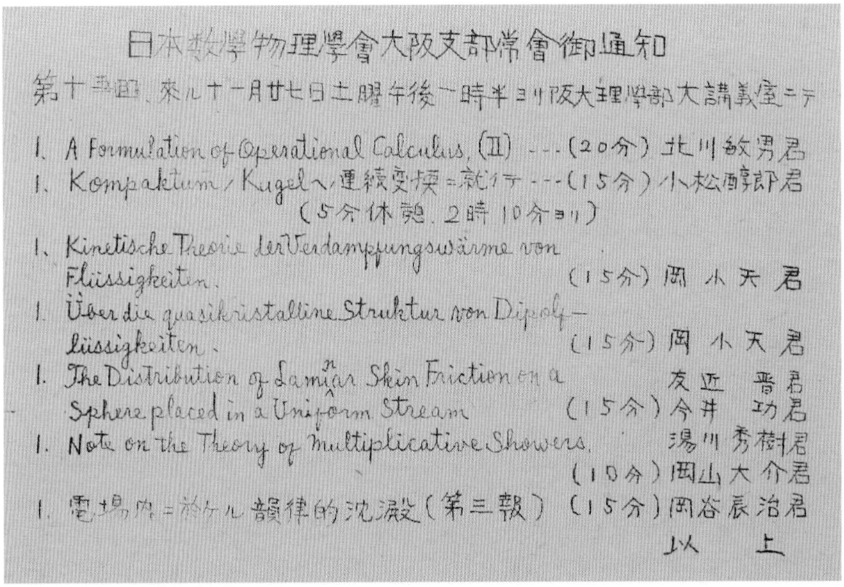

日本数學物理學會大阪支部常會御通知

第十五回、來ル十一月廿七日土曜午後一時半ヨリ阪大理學部大講義室ニテ

1. A Formulation of Operational Calculus. (Ⅱ) ---(20分) 北川敏男君

1. Kompaktum ノ Kugel ヘノ連續変換ニ就イテ ---(15分) 小松醇郎君

（5分休憩、2時10分ヨリ）

1. Kinetische Theorie der Verdampfungswärme von Flüssigkeiten.　(15分) 岡小天君

1. Über die quasikristalline Struktur von Dipolflüssigkeiten.　(15分) 岡小天君

1. The Distribution of Laminar Skin Friction on a Sphere placed in a Uniform Stream　(15分) 友近晋君 今井功君

1. Note on the Theory of Multiplicative Showers.　(10分) 湯川秀樹君 岡山大介君

1. 電場内ニ於ケル韻律的沈澱(第三報)　(15分) 岡谷辰治君

以上

プログラム9　数物大阪支部常会（1937.11.27）

［プログラム10　数物大阪支部常会（1938.5.28）］

　1938（昭和13）年 5 月28日（土）に大阪帝国大学理学部 3 階大講義室にて開催された第18回日本数学物理学会大阪支部常会通知。この時は「素粒子の相互作用（続）」のくくりで湯川達 4 人が発表している。

　A．湯川秀樹：核力
　B．坂田昌一：ベータ崩壊
　C．小林　稔：U粒子の発生及び勢力損失
　D．武谷三男：核磁気能率

最後には、菊池正士と青木寛夫も発表している。また、最初に数学分野で発表した北川敏男の講演タイトルが「こーしい級数ノぱーせばる定理トひるばーと空間ノ内積」となっているのも注意したい。
　すでに戦争の足音が聞こえていた。

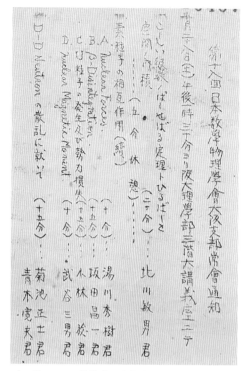

プログラム10　数物大阪支部常会（1938.5.28）

3．物理談話会

　湯川は理学部物理学教室で毎週開催する物理談話会で学生の発表の後、講演している。学生と教授陣の両方が発表する面白いプログラムである。

［プログラム11　第124回物理談話会］

　1938年 2 月10日（木）に大阪帝国大学理学部大講義室で開催された第124回物理談話会の通知。湯川は題目「量子論から見た音と熱」で話した。午後 4 時30分からの湯川たちの講演の前に、 3 時30分から学生の輪講（論文紹介）があった。湯川はちょっとしたメモをプログラムに書いている。

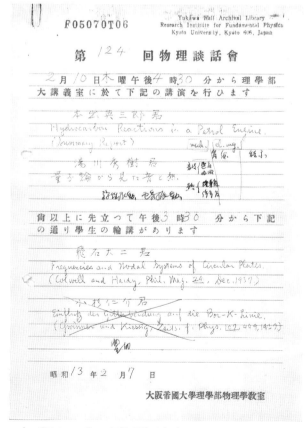

プログラム11　第124回物理談話会（1938.2.10）

［プログラム12　第144回物理談話会］

　1938年11月10日（木）に大阪帝国大学理学部大講
義室で開催された第144回物理談話会の通知。湯川は
題目「宇宙線理論の近況」で話した。午後4時30分
からの湯川たちの講演の前に、4時より学生の輪講、
および湯川研究室の大学院生、裴（Hai）在黙による
論文紹介があった。

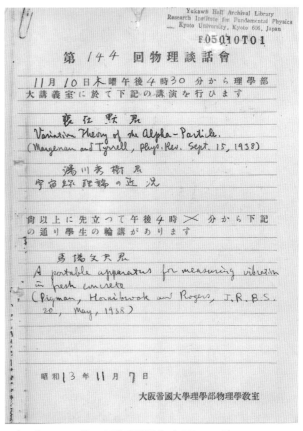

プログラム12　第144回物理談話会（1938.11.10）

第5章

語ろう、そして前へ

　1925（大正14）年に確立された量子力学はミクロの世界を記述する基本理論である。若き湯川は第三高等学校時代に前期量子論に触れ、物理学の新しい流れに大きな興味を膨らませる。1926（大正15）年、京都帝国大学理学部物理学科に入学、朝永振一郎らとともに半分独学に近い形で量子力学をマスターする。さらに核力や陽電子の理解、新しい中間子の予言へと突き進み、現代の素粒子物理学の幕開けを告げる。ミクロの世界を記述する量子物理学の考え方は、我々の日常世界での物事の考え方とは大きく違ったものであった。にもかかわらず湯川は量子物理学、そしてその考え方そのものが今後の自然現象の理解に決定的に重要になることを直感的にも論理的にも深く理解していた。このことを物理学者のみならず一般の市民にも伝えたい、わかってほしい。湯川はたとえ話を交えて、近代物理学は意外と日常生活の常識に近いと語る。一方、研究面ですべてがうまくいったわけではない。世界の物理学コミュニティで湯川の論文はなかなか受け入れてもらえない。投稿したアメリカの学術論文誌から却下の連絡が来る。湯川は毅然と対処する。この章では湯川の科学者としてのこれら二つの側面をみよう。

1．市民に語る
「近代物理学と常識」

　1935（昭和10）年12月18日に水曜会で「近代物理学と常識」の講演を行った。その原稿は縦書きの400字詰原稿用紙20枚に及ぶ。量子力学が確立されて以降、物理学の考え方がどのように変化したかを大きな見地から一般の聴衆に解説している。湯川の思索の原点を語る貴重な史料のひとつである。

　まず原稿が縦書き原稿用紙に綴られていることに注意したい。大阪帝国大学時代は湯川が物理学の研究に没頭していた時期で、縦書きの講演原稿を書くことはごくまれであった。和文を縦書きで記すとき

の湯川の筆記体は若き日から書道で鍛えられた結果であろう、流れるように美しい。一部の漢字は湯川独自の流儀で略されている。

　湯川は19世紀の物理学に比べて20世紀、特に量子力学以降の物理学（近代物理学）の考え方には大きな違いがあることから話を始める。一般の方が受ける印象として近代物理学は常識から遠ざかっているように思えるかもしれない。物理学はあらゆる現象を分解して単純な基本的な現象に帰着させ、そこに一般的な法則を見つけ出す。この見地に立つと、たとえば宇宙線の研究は日常では得られない高いエネルギーの現象で、今後の物理学にとって重要な問題である。陽子、中性子、電子、光子がどのように運

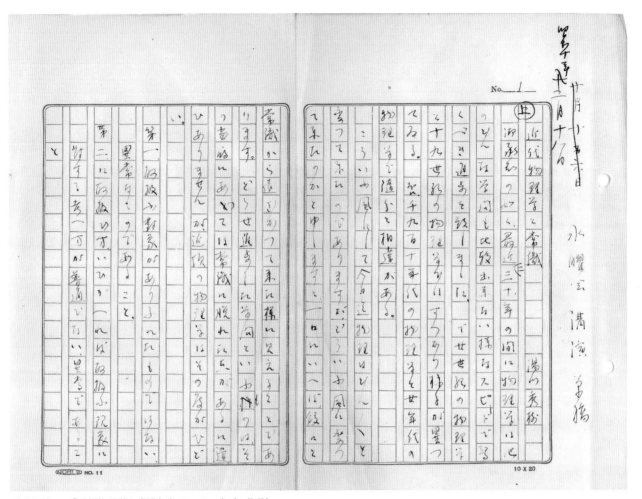

講演原稿10 「近代物理学と常識」（1935.12.18）（1枚目）

動し、力を及ぼし、変換していくか、現代の素粒子物理学の構図を語る。

その後、量子論の考え方、描像について説明する。光が波としてだけではなく粒子としても振る舞うこと、その実験的証拠、そして量子力学では物事が確率的に記述されることを強調する。日常社会の商売によるたとえ話、選挙の話を引き合いに出して説明しようとしているのは面白い。常識で考えて偶然と思えること、一見予想できない確率的なことがらも、

よく調べてみれば理由、つまり必然的な原因があると考えるのが物理である。よく考えてみると、素朴な常識的な考え方と近代物理学の考え方は意外に似たところがあるという。物理や化学や工学の世界だけでなく、生命や医療の世界でも物理の考え方が必須になるだろうし、さらに自然科学が発展すれば、将来、物理の考え方は心霊的なものにも適用されるようになるだろうと述べている。まさに現在、その時代が近づきつつある。

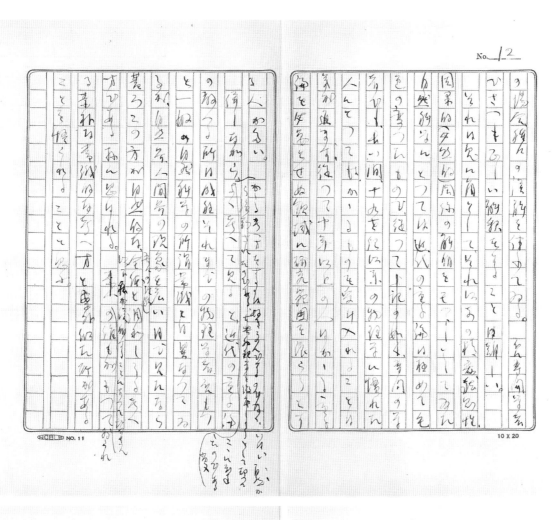

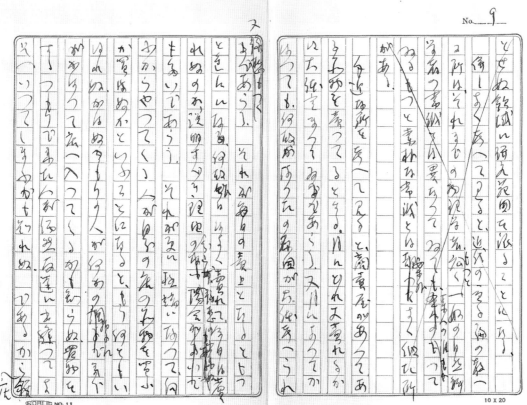

講演原稿10 「近代物理学と常識」（上：12枚目，下：13枚目。13枚目以降は No. 9のページ番号から始まる）

講演原稿10　「近代物理学と常識」（14枚目）

2. 何故あなたは理解されぬのか

1934（昭和9）年に最初の論文を発表して以来、核力や中間子の問題だけでなく陽電子に関する理論の困難など、湯川は様々な課題を精力的に研究していた。すべてがうまく行くわけではない。独自のアイディアを練り上げ、論文にまとめ投稿する。ところが、投稿した論文誌から掲載不可の通知を受ける。納得できないレフェリーの評価に対し湯川は反論するが受け入れられない。研究者なら誰もが幾度となく味わう苦い経験であった。

アイディアの提唱は戦いなり

［手紙4　Physical Review からの掲載不可の通知とレフェリーへの反論（1936）］

湯川は論文「Density Matrix in the Theory of the Positron」（陽電子の理論における密度行列）をアメリカの物理学会論文誌 Physical Review に投稿した。

1936（昭和11）年5月25日付の Physical Review 誌の Editor（編集長）よりきた掲載不可を伝える通知とその1か月後6月23日に送られたレフェリーのコメントに対する湯川の反論である。当時、アメリカの物理学会（The American Physical Society）の事務局はミネソタ大学に置かれ、物理学会論文誌の編集長は John T. Tate であった。現在、ミネソタ大学物理学科の主ビルディングは John Tate Hall と呼ばれている。

レフェリーのコメントに対する反論では、レフェリーの理解が間違っていること、湯川の理論では真空の電荷密度は有限になるが、ディラックの理論では無限大が残ることを説明している。湯川はこの反論で Physical Review 編集局の判断が覆されるとは思っていないが、レフェリーに誤りを指摘せずにはいられなかったのだろう。湯川にとっては苦い経験だった。Physical Review 編集局、およびレフェリーに対する文面は非常に謙虚であるが、内心、納得がいかないことがありありとうかがえる。

手紙4　Physical Review 誌からの掲載不可の通知とレフェリーへの反論（1936）

たとえ却下されても

[手紙5　論文誌 Physical Review からの手紙]

　湯川と坂田昌一、武谷三男は共著の論文「On the Theory of the New Particle in Cosmic Ray」（宇宙線中の新粒子の理論について）を Physical Review に投稿した。論文は1937（昭和12）年10月22日に Physical Review 編集局に受理され、査読レフェリーに回された。そのレフェリーの評価に基づき、Physical Review 編集局は論文はこのままでは掲載はできないとし、著者に論文原稿を送り返した。宛先は西宮市苦楽園の自宅になっている。論文は大阪帝国大学より投稿されたのだが、どのような事情で自宅宛に連絡が送られたのかは定かでない。

　Physical Review 編集局が引用しているレフェリーの評価はいささか不当なものである。レフェリーは、1）同種粒子の相互作用が小さくなりすぎる、2）スピン依存性がおかしい、3）陽子と中性子の異常磁気能率がうまく説明できない、の理由を挙げ、論文を掲載不可と断じている。湯川達はその3年ほど前に湯川が導入した新粒子（現在の荷電パイ中間子に対応するもの）による諸現象の説明を展開している。1）については、湯川達は荷電パイ中間子だけでは同種粒子の相互作用が小さくなりすぎるので、電荷を持たない中性の粒子（中性パイ中間子）が必要かもしれないと指摘しているし、3）についても中間子の寄与で陽子と中性子の異常磁気能率を説明しようとしている。もちろん、3）の問題の解決は30年後のクォークモデルまで待たねばならないのだが。

　1937年になっても湯川の中間子の理論は他の物理学者にはなかなか受け入れられなかった。レフェリーは湯川理論に拒絶反応を示していたように思われる。この論文は、結局のところどこからも出版されなかった。

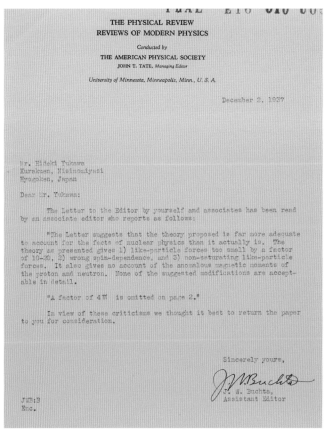

手紙5　論文誌 Physical Review からの手紙（1937）

［論文 2 宇宙線で見つかった新粒子の理論］

アメリカ物理学会論文誌 Physical Review の Letter として1937年10月 4 日投稿された論文で、10月22日に Physical Review 事務局に受理されている。1937年春、宇宙線観測で電子と陽子の中間の質量を持つ新粒子が発見されたが、その正体は不明であった。のちに、このとき宇宙線で見つかったのはミュー粒子であることが判明するが、湯川達はこの宇宙線中の新粒子が、湯川が1934年に提唱した核力を担う粒子（U 粒子と呼ばれている）と同じではないかと考え、その性質を見極めようとする。宇宙線観測、核力の両方の考察から粒子が電子の200倍程度の質量を持つと推定する。このときは U 粒子はプラスかマイナスの電荷を持つと想定され、そのため、陽子と中性子が入れ替わることによる核力は説明できるが、陽子同士、中性子同士の力は観測の10分の 1 程度にしかならないことを指摘、2 ページ目で、どうも中性の新粒子も必要であるとコメントしている。現在ではパイ中間子は、電荷を持つものだけでなく、電荷を持たない中性パイ中間子も存在することがわかっている。この論文で湯川達はパイ中間子は 3 重項として現れることを示唆していたのである。重要な理論展開である。

さらに、陽子と中性子の異常磁気能率を、陽子（中性子）が量子効果で中性子（陽子）と U 粒子になることから説明しようとしている。非常に斬新なアイディアであった。もちろんこの説明は不完全で、現在では陽子、中性子がクォーク 3 個からなる複合粒子であることが重要とわかっている。量子効果で「異常」な性質を説明するこの湯川達の考え方はその後の素粒子物理学で一つのお手本となっている。宇宙線の物質中でのエネルギー損失も評価し、原子核の問題と宇宙線の問題は絡み合っていると結論する。この論文は Physical Review に掲載されることはなかった。

論文 2 宇宙線で見つかった新粒子の理論（1937）（1 ページ目）

第6章

時はきたり、博士号取得

　不思議と思われるかもしれない。湯川秀樹が理学博士となったのは1938（昭和13）年である。大阪帝国大学に赴任し、その後ノーベル賞に輝く中間子論文を発表したのは1934（昭和9）年、それから3年半の歳月が流れていた。この間、研究は怒号のように進み、湯川は10編の論文を執筆、あまたの発表、講演を繰り広げた。1937（昭和12）年11月15日、湯川は大阪帝国大学に学位（理学博士）を申請し、翌1938年4月5日に学位を取得する。これを機に改めて若い人を束ね、意を決して新たな研究室活動に挑む。

１．ついに自信と確信を得た

　湯川は自身の最初の論文「On the Interaction of Elementary Particles. I」を主論文、その後1935（昭和10）年から1937（昭和12）年に書いた9編の論文［博士論文1］を参考論文として1937（昭和12）年11月15日、大阪帝国大学に学位（理学博士）を申請した。理学部教授会は菊池正士を主査として審査する。1938（昭和13）年2月17日、教授会は学位を授与すべきと査定し、大阪帝国大学総長に報告、総長より文部大臣に学位授与認可願いが届け出される。

　1938（昭和13）年4月5日、大阪帝国大学より学位が授与される。大阪帝国大学学位記授与者名簿には

　　昭和十三年四月五日
　　　第五八四号　兵庫県
　　　　正七位　湯川秀樹　（理学部）

とある。このときの湯川は昭和11年3月31日に大阪帝国大学助教授に着任、内閣より高等官六等に叙せられ、同年4月15日に宮内省より「正七位」に叙せられていた［大阪大学　学位授与者名簿］。

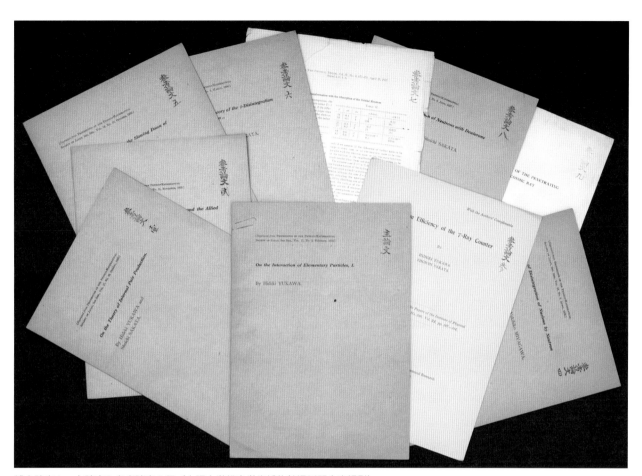

博士論文 1　主論文と参考論文 9 編（大阪大学総合学術博物館湯川記念室撮影）

大阪大学　学位授与者名簿　左は戦後に薄冊に取り付けられた表紙、右は湯川秀樹への授与記録が記された原本ページ
（大阪大学アーカイブズ蔵）

湯川の博士論文は次の主論文と参考論文 9 編からなる。

主論文

著　者：Hideki Yukawa

題　名："On the Interaction of Elementary Particles, I."

掲載誌：Proceedings of the Physico-Mathematical Society of Japan, 3rd Ser., Vol. 17, No. 2, February 1935, 48–57（Received November 30, 1934）

参考論文　壹（一）

著　者：Hideki Yukawa and Shoichi Sakata

題　名："On the Theory of Internal Pair Production"

掲載誌：Proceedings of the Physico-Mathematical Society of Japan, 3rd Ser., Vol. 17, No. 10, October 1935, 397–407（Received August 22, 1935）

参考論文　貳（二）

著　者：Hideki Yukawa and Shoichi Sakata

題　名："On the Theory of the ß-Disintegration and the Allied Phenomenon"

掲載誌：Proceedings of the Physico-Mathematical Society of Japan, 3rd Ser., Vol. 17, No. 11, November 1935, 467–479（Received September 5, 1935）

参考論文　参（三）

著　者：Hideki Yukawa and Shoichi Sakata

題　名："On the Efficiency of the γ-Ray Counter"

掲載誌：The Scientific Papers of the Institute of Physical and Chemical Research, No. 686, Vol. 31, March, 1937, 187–194

参考論文　四

著　者：Hideki Yukawa and Yukihiko Miyagawa

題　名："Theory of Disintegration of Nucleus by Neutron Impact"

掲載誌：Proceedings of the Physico-Mathematical Society of Japan, 3rd Ser., Vol. 18, No. 4, April 1936, 157–166（Received February 28, 1936）

参考論文　五

著　者：Hideki Yukawa

題　名："Elementary Calculations on the Slowing Down of Neutrons by a Thin Plate"

掲載誌：Proceedings of the Physico-Mathematical Society of Japan, 3rd Ser., Vol. 18, No. 10, October 1936, 507–518（Received July 20, 1936）

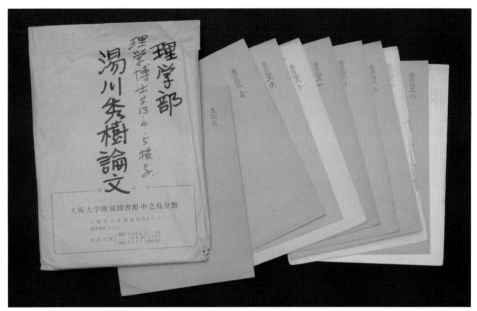

博士論文 2 　湯川の学位論文は大阪大学附属図書館中之島分館に保管されていた。現在は豊中キャンパスの大阪大学総合図書館で保管されている。

参考論文　六

著　者：Hideki Yukawa and Shoichi Sakata

題　名：Supplement to "On the Theory of the β-Disintegration and the Allied Phenomenon"

掲載誌：Proceedings of the Physico-Mathematical Society of Japan, 3rd Ser., Vol. 18, No. 3, March 1936, 128–130（Received December 26, 1935）

参考論文　七

著　者：Hideki Yukawa and Shoichi Sakata

題　名："On the Nuclear Transformation with the Absorption of the Orbital Electron"

掲載誌：Physical Review, Vol. 51, No. 8, 677, April 15, 1937（Received February 18, 1937）

参考論文　八

著　者：Hideki Yukawa and Shoichi Sakata

題　名："On the Theory of Collision of Neutrons with Deuterons"

掲載誌：Proceedings of the Physico-Mathematical Society of Japan, 3rd Ser., Vol. 19, No. 6, June 1937, 542–551（Received April 7, 1937）

参考論文　九

著　者：Hideki Yukawa

題　名："On a Possible Interpretation of the Penetrating Component of the Cosmic Ray"

掲載誌：Proceedings of the Physico-Mathematical Society of Japan, 3rd Ser., Vol. 19, No. 7, July 1937, 712–713（Received July 5, 1937）

主論文、参考論文五、参考論文九は湯川単著の論文だが、参考論文一、二、三、六、七、八は坂田昌一との共著論文である。これらの論文は1934（昭和9）年秋から1937年夏までに執筆された。凄まじい勢いだった。

なぜ、1938年まで学位（博士）を取らなかったのか。今から見れば、最初の論文だけでも学位（博士）を取るのに十分であっただろう。だが、湯川は実験観測による証拠（あるいはそのヒントとなるもの）がない段階では自分として完全には納得していなかったのかもしれない。

実際、1936年ごろまでは、湯川理論を認めない物理学者が大勢を占めていた。しかし、1937年、アンダーソン（Carl Anderson）とネダマイヤー（S. Neddermeyer）が現在ミュー粒子（ミューオン）として知られている「新粒子」を宇宙線観測で見つけたことが転機になった。この新粒子が湯川が1934年に提唱した中間子かもしれないと多くの人々が考え始めた。湯川自身もその可能性を吟味し、論文を書いている。その論文（参考論文九）では、アンダーソンとネダマイヤーの粒子を湯川の中間子とすることの問題点も指摘している。いずれにせよ、新しい粒子が存在することは確立されたわけである。当時は、確実に知られている粒子や場がどのようにお互いに力を及ぼし、それによって様々な自然現象を説明するのが物理だと人々は信じ込んでいた。原子核の中の核力を説明するのに新しい粒子を導入するという湯川の考え方そのものが革命的であり、異端者の理論と見なされていた。アンダーソンとネダマイヤーの発見までは99パーセントの物理学者は新粒子の導入を不必要、不自然として排除していたのである。アンダーソンとネダマイヤーの発見により新粒子の導入をもはや恐れることはなくなった。湯川も確固たる自信を持ったに違いない。この自信と信念のもと、湯川は主論文プラス9編の参考論文をまとめて、大阪帝国大学に学位を申請したのだ。かくして湯川は理学博士となった。

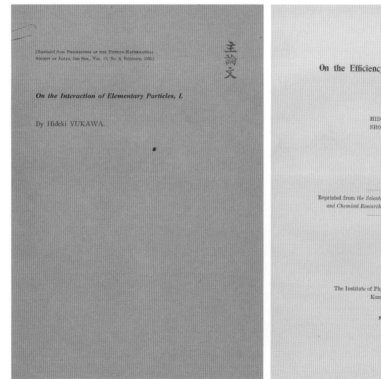
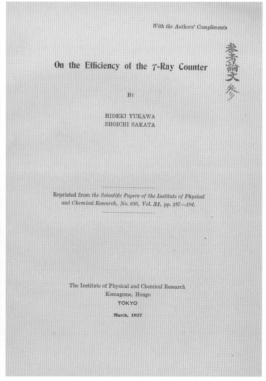

博士論文3　主論文（1935）と参考論文参（三）（1937）（大阪大学総合図書館蔵）

博士論文4　参考論文七と参考論文九（大阪大学総合図書館蔵）
主論文と参考論文九は © 日本物理学会・日本数学会、参考論文三は © 理化学研究所、参考論文七は ©American Physical Society。

2. 学位申請、審査は かくなされた

　湯川は1937（昭和12）年11月15日に大阪帝国大学に学位（理学博士）を請求し、理学部教授会での審査を経て、翌1938（昭和13）年4月5日に学位を授与される。この間の一連の手続き書類は戦争での焼失を免れ、現在大阪大学アーカイブズで保管されている。

　一つ一つの書類を見ると面白い。1930年代の日本の姿が蘇る。書類は大阪帝国大学の「第八類一項一号　学位」昭和十三年其一に整理され永久保存されている。［学位１］の左写真はその表紙で、長い年月とともにぼろぼろになりつつあるが、収められた書類の保存状態はきわめて良い。右写真は湯川が大阪帝国大学総長に提出した学位請求申請書で、論文、

履歴書のほかに審査手数料金壹百円を相添えるとある。多額の手数料金であった。

　学位請求申請から学位授与にいたるまでの過程は以下の通りである。

学位請求　　　　　　　　　　1937年11月15日
論文審査着手　　　　　　　　1937年11月15日
理学部教授会議決　　　　　　1938年2月17日
総長より文部大臣への学位授与申請
　　　　　　　　　　　　　　1938年2月25日
学位授与　　　　　　　　　　1938年4月5日

学位請求申請は総長宛に提出され、即刻流れ作業のように、総長から理学部教授会に審査の要請がなされた。手続きは万端に準備されていた。

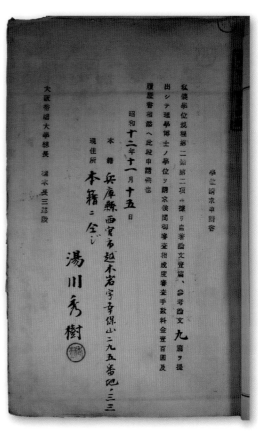

学位1　（左）学位申請、審査に関する書類は「第八類一項一号　学位」にまとめられて保存されている。
（右）湯川が大阪帝国大学総長に提出した学位請求申請書（1937）（大阪大学アーカイブズ蔵）

　このとき提出された湯川の履歴書は毛筆で記され
た［学位2］。事務部により活字になおしたものも用
意され、湯川は押印している。毛筆の原本は均整の
とれた美しい書体で綴られている。原籍（本籍）は
「兵庫県西宮市越木岩字幸保山295番地ノ33」であ
る。この本籍は郵便宛先には滅多に使われず、湯川
は「西宮市苦楽園」または「西宮市苦楽園バス停留
所の前」で代用していた。

　履歴には、「昭和8年5月13日、大阪帝国大学理学
部講師に嘱託さる」、「昭和11年3月31日、大阪帝国
大学助教授に任ぜられ」、「同年4月15日、正七位に
叙せらる」とある。

　論文審査が開始される。当時の理学部は物理、化
学、数学の3学科よりなり、合わせて14名の教授で
構成されていた。そのうち物理の教授は5名である。

　審査員は菊池正士（主査）と岡谷辰治が務める。菊
池がまとめた審査のまとめ（審査要旨）［学位3］は
興味深い。4ページにわたる記述で、学位論文の詳
細な分析と評価をなしている。

　まず、学位論文のタイトルに着目しよう。学位請
求申請にあたり、湯川は主論文、参考論文九篇の一
覧リストを縦書きの日本語で用意した。主論文のタ
イトルは「素粒子の相互作用に就て（英文）」となっ
ているのだが、菊池がまとめた審査要旨ではタイト
ルは「素粒子の交互作用に就て」となる。当時の菊
池の言葉遣いでは、相互作用は「交互作用」、陽子は
「プロトン」、電子は「陰電子」、反ニュートリノは
「逆ニュートリノ」であり、審査要旨でもこの言葉遣
いで一貫している。

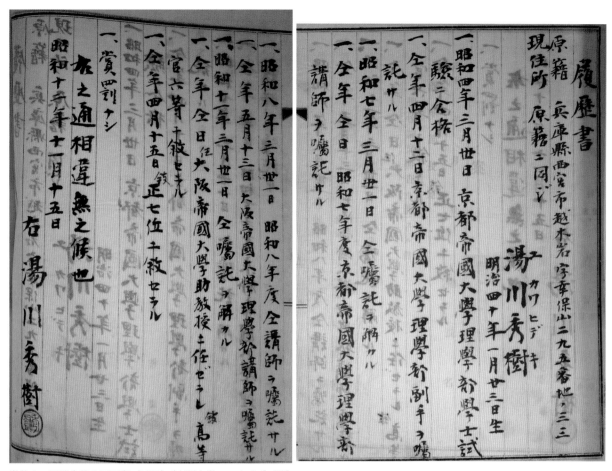

学位2 湯川自筆の履歴書（1937）（大阪大学アーカイブズ蔵）

　審査要旨は「プロトンと中性子との交互作用の考窮（考究）は原子核の研究の根底をなすもので」との切り出しで始まり、原子核中の陽子と中性子の間に働く核力と原子核が別の原子核に崩壊するベータ崩壊過程の両方を矛盾なく説明できない当時の状況を述べる。この困難を解決するために湯川が新しい場、粒子を導入したこと、観測データをもとにこの新粒子の質量が電子の質量の200倍程度と推定されること、そして当時の実験室内での実験では発生させることは難しいが、宇宙線のごとき高エネルギーの放射線を含む過程で発生しうるであろうと論理的に解説している。

　その後、最終ページで述べられる菊池の評価が興味深い。

（湯川の）「論文の第一の意義はプロトンと中性子の交互作用の理論に新生面を開拓した点にある」（が湯川の理論が受け入れられるかどうかは今後の実験的研究を待たねばならず）「早急に判断を下すことは不可能ではある」。（しかし、最近宇宙線の研究で新粒子の発見が報告され）「湯川氏の仮説は新しく論議の的となり類似の理論が世界各国の学者によって提出さるる所を見ても湯川氏が同種類の学説の第一の開拓者であり、又その着眼点の妥当であったことをも裏書するものと云ひ得るであらう」（よって）「湯川氏は理学博士の学位を受くる資格充分ありと認められる」（括弧内は筆者の補足）

と結論している。

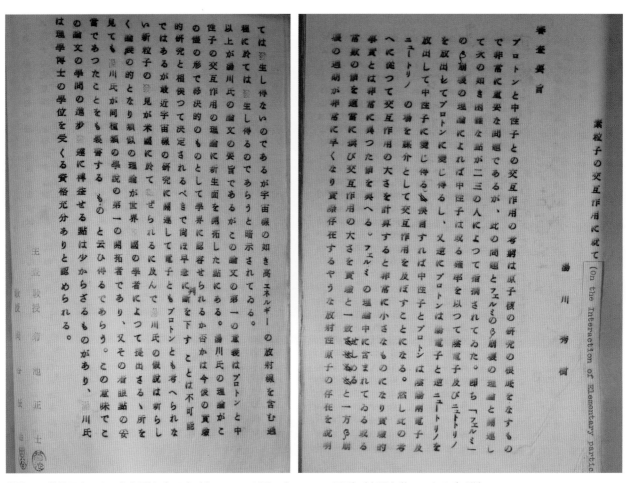

学位3　菊池正士による審査要旨（1937）（右：1ページ目，左：4ページ目）（大阪大学アーカイブズ蔵）

　湯川も菊池も物理学における理論は実験観測により検証され、確かめられねばならないことを深く心に刻んでいた。菊池は湯川が最初にγ'ray（ガンマプライム線）のアイディアを打ち明けた時から湯川理論の成熟を強くサポートした。湯川の新粒子が宇宙線の中に発見されたのは1947（昭和22）年である。

3. 研究室日記（1938−）に刻む

　湯川は1938（昭和13）年4月5日に大阪帝国大学より学位（理学博士）を取得した。自信に満ち溢れ、研究活動をさらに高めるために、この年より研究室での勉強会、セミナーの記録を自筆でノートに取り始めた。改めて研究室での「理論コロキウム」を立ち上げる背後には中間子論を展開し、物理学を牽引していこうとする湯川の決意がにじみ出ている。

［研究室日記1　「理論コロキウム」表紙と裏面］

　それがこの研究室日記「湯川研究室理論コロキウム記録」である。表紙には湯川の字で、「理論物理学研究室記録（京大）」、「理論コロキウム　記録（阪大）1938-1939 I」と書かれている。ノート前半が大阪帝国大学助教授時代の1938年4月21日から12月23日までの31回分の研究室活動の記録である。湯川は1939（昭和14）年5月26日に京都帝国大学教授に任ぜられ、京都帝国大学理学部物理学教室に転任した。ノートの後半は転任してからの記録である。表紙の最初の3行と最後の「（阪大）」「1939」「I」の文字

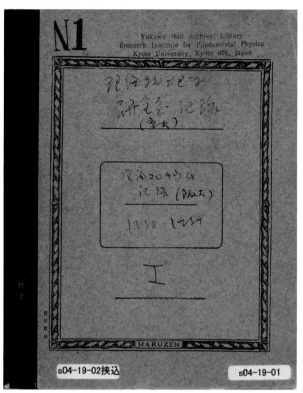

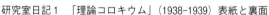

研究室日記1 「理論コロキウム」(1938-1939) 表紙と裏面

は、京都帝国大学転任後に書き加えられたものである。表紙の裏面には

「理論物理コロキウム　記録　大阪帝大　1938」

と記されている。

[研究室日記2　第1回と第4回]

　最初のうちは日時、場所、集会者名、トピックだけの簡単な記録である。第1回は1938年4月21日（木曜）午後1時30分より湯川の居室で開かれた。当時湯川は助教授であり、講師の坂田昌一と小林稔、助手の武谷三男、大学院生の岡山と裵（Hai）、学部生の谷川の計7名が集合したとある。湯川より大体の方針と分担について述べられた。(i) 核力, (ii) 宇宙線, (iii) ベータ崩壊, (iv) フォーマリズムと分けている。

　第2回は4月23日（土曜）、第3回は4月28日（木曜）、第4回は4月30日（土曜）に開催された。かなりの頻度である。第4回は3階の講義室で開かれ、小林がプロカ（Proca）の論文を解説している。プロカの論文はフランス語で書かれている。湯川と小林はフランス語が読めた。プロカの論文では質量を持ったベクトル場（スピン1の粒子に対応）の理論が展開されている。湯川は核力を媒介する粒子として1934（昭和9）年にスピン0のスカラー場を導入したのだが、どうもそれだけではうまく核力を説明できないので、その一つの解決策としてベクトル場を導入することを検討していた。実際、この年の秋には坂田、小林、武谷とベクトル中間子の核力理論を展開することになる。そのために必要な知識を獲得しようとしていたのである。

研究室日記2（左：第1回（1938.4.21），右：第4回（1938.4.30））

湯川の記録は続く。第7回目は1938年5月12日（木）にあったのだが、その次の5月14日（土）の回も湯川は「第7回」と記録し、その後に及んでいる。この2度目の第7回コロキウムあたりから詳しい議論の詳細も記録するようになる。第8回目の記録を見てみよう。

[研究室日記3　第8回]

第8回理論コロキウムは1938年5月19日（木曜）午後1時半に開かれた。「一階食堂にて」とある。「一階食堂」とは、研究室で食堂として使っていた菊池研の部屋のことである（第1章の理学部本館配置図参照）。集合者は「Y，S，K，T，裵（Hai），谷川」の6名である。Y，S，K，Tは湯川、坂田、小林、武谷の頭文字である。

この日は「坂田君」（坂田昌一）が「β-Rayの理論」（ベータ崩壊の理論）の説明をした。ベータ崩壊とは中性子（N）が

中性子（N）
　　→陽子（P）＋電子(e^-）＋ニュートリノ（ν）

と崩壊する現象で、ここでは第1段階で中性子が陽子とUマイナス粒子（U^-）に崩壊し、

$$N \to P + U^-$$

引き続いて第2段階でUマイナス粒子が電子とニュートリノに崩壊する

$$U^- \to e^- + \nu$$

と考えて説明しようとしている（1ページ目の左下、式番号(56)の上の式参照）。U粒子（Uマイナス）は湯川が提唱した中間子（いまのパイ中間子やロー中間子）に対応するものである。現在の理解では、ベータ崩壊は弱い相互作用（力）によって起こることがわかっている。1938年の段階では、核力と弱い力の違いもよくわかっておらず、パイ中間子もまだ見つかっていなかった。第1段階のプロセスは核力、第2段階のプロセスは弱い力によって起こるとしている。現在ではWボゾンを媒介とする弱い力によって直接

$$N \to P + e^- + \nu$$

の崩壊が起こることがわかっている。湯川や坂田たちは、試行錯誤でこの現象を説明しようとしていた。様々な相互作用の形を網羅的に検討しようとしている。中間状態に現れるU粒子の寄与をポテンシャル

研究室日記3　第8回（1938.5.19）（左：1ページ目，右：2ページ目）

として組み入れ、最終的に（N, P）と（e⁻, ν）の四つの粒子の相互作用（Fermi 型）にまとめている。第8回の記録は5ページに及ぶ。ここでの議論は湯川、坂田、小林、武谷の中間子第4論文につながっていく。

はなく1階微分方程式の連立方程式の形に書いている。湯川にとっては新鮮な書き方で、多分に坂田が黒板の上で説明したものを、丁寧にコピーしているのが面白い。

［研究室日記4　第13回］

第13回理論コロキウムは1938年6月11日（土）午後1時半に開かれた。伏見康治も参加し参集者は計8名であった。開催場所は第11回（6月4日）より167号室になる。この日は坂田昌一がケンマー（Kemmer）の論文とフレーリッヒ（Fröhlich）達の論文を紹介した。核力を媒介する粒子がスピンが0のスカラー型、擬スカラー型、スピンが1のベクトル型、擬ベクトル型の四つの場合のポテンシャルの一般論を考察している。どの場合に引力あるいは斥力になるかなどの分類を記録している。基本の方程式もスピノル表現の記法を用い、2階微分方程式で

研究室日記4　第13回（1938.6.11）

［研究室日記5　第23回］

　第23回理論コロキウムは1938年9月10日（土）午後1時半に開かれた。出席者は小松も参加し計8名であった。この日は湯川自身がディラック（Dirac）の論文を紹介しており、そのためか詳しい記述はない。ただ論文の Appendix に触れられている電磁気学における遅延ポテンシャルの表式を書き記しているのだが、後でばつ印をつけている。なぜだかわからない。

　この後、第24回は9月15日、第25回は9月22日、第26回は9月29日、第27回は10月6日、第28回は10月8日、第29回は10月15日に開催される。しかし、詳しい記述はない。1938年9月13日、武谷三男は特高（特別高等警察）に検挙され、翌年の4月まで拘留される。戦争と弾圧の暗い足音が忍び寄り、押し寄せていた。

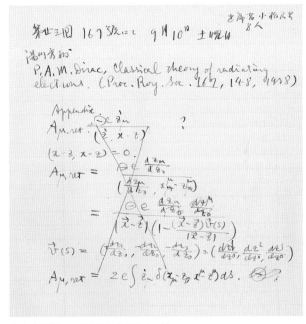

研究室日記5　第23回　（1938.9.10）

第3部

いかに論文を
練り上げるか

26-32歳、大阪帝国大学時代

第7章

鋭気漂う計算ノート

　湯川は研究を進める過程で多くの考察、計算のノートを残した。多くの考察ノートは理路整然とした文章から始まる。問題の背景、自身の見解と試み、そのうちに詳細な式変形、計算が綴られる。結局、うまくいかなくて未完結に終わることが多い。ひたすら計算用紙に使用された紙も残されている。大阪帝国大学理学部物理学教室のノート用紙や理学部試験答案用紙を使っている。

１．試行錯誤の連続

　湯川の研究は試行錯誤の連続であった。研究を磨き上げるにあたり考え方を文章にまとめ、計算する。その一部始終が計算ノートに記されている。湯川はそれらを大切に保存した。

［ノート１　陽電子の理論］

　この４ページからなるノート「陽電子の理論についての考察」の日付は1935（昭和９）年１月６日である。1929（昭和４）年、ディラック（Dirac）は電子が従う相対論的なディラック方程式を提唱した。その方程式の一つの帰結として陽電子の存在が予言され、1932（昭和６）年に宇宙線の実験でアンダーソンによって確認された。ディラックは「真空」状態では負エネルギー状態の電子が埋め尽くされているとする。これはディラックの海（Dirac sea）と呼ばれ、単純に考えると無限個の負電荷があることになってしまう。多くの人は、これはディラック理論が不完全であることを意味すると考えた。

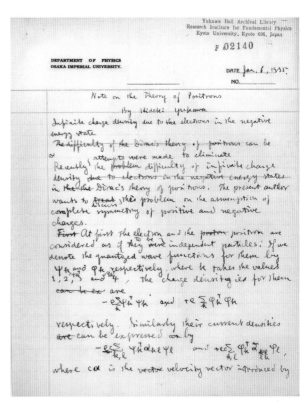

ノート１　陽電子の理論（1935.1.6）（１ページ目）

湯川もこの問題に取り組んだ。湯川は負電荷と正電荷は対称的に取り扱われるべきで、電子と陽電子にそれぞれの固有場があると考え、理論を構築しようとする。そのアイディアを書き綴ったのがこのノートである。

1ページ目、あたかも論文原稿のように書き出す。タイトルは「Note on the Theory of Positrons」、著者は Hideki Yukawa となっている。ディラック理論の真空の無限電荷の問題を解決するのに、負電荷（電子）と正電荷（陽電子）の場を同等に扱おうというアイディアを述べる。電子と陽電子の場を対の形で導入し、2ページ目でその方程式を書きくだそうとする。しかし、どうもうまくいかない。アイディアは暗礁に乗り上げる。数行書いて中断する。

多分、2、3日経ってからなのかもしれない。この問題を別の角度から考え直す。対の場が絡み合っ

た理論を考えようとする。3ページ目では式だけであるが、様々なモデルのラグランジアンや量子化条件が書き連ねられている。それでもうまくいかない。電磁場があればどうなるだろうかと4ページ目に続く。4ページ目は、3ページ目の用紙の裏面である。中盤、途方に暮れて、落書きを連ねている。友人の住所を英語で綴ったり、論、馨、涙、、、の文字を書いてみたり、あるいはニュートリノの話に飛んでみたり、なんと身近な人であったことか。

このノートに書き綴られたアイディアは、やがて「Density Matrix in the Theory of the Positron」として論文にまとまっていく。現在では、電子と陽電子は一つのディラック場で記述され、適切な量子化をすれば無限の負電荷は現れないことがわかっている。

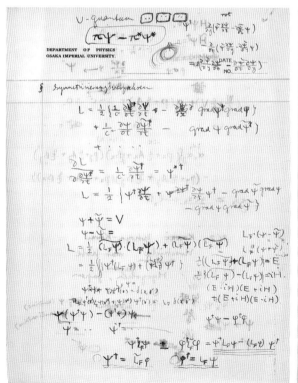 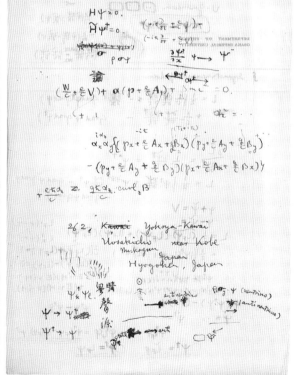

ノート1　陽電子の理論（1935.1.6）（左：3ページ目，右：4ページ目）

[ノート2　中性子の共鳴散乱]

　Resonance Scattering（共鳴散乱）のタイトルで書かれた9ページのノートで、日付は1935年4月16日となっている。日本語で書かれている。最初のページに、中性子と原子核の散乱を調べるとある。3ページ目から具体的に中性子が原子核と衝突し散乱される場合を考察している。その際現れる共鳴散乱のエネルギー準位を量子力学のシュレーディンガー方程式を解くことにより決めようとする。中性子の原子核のまわりのポテンシャルを井戸型ポテンシャルと近似して方程式を解く。現在では、大学の物理学科の学生が量子力学の授業で学ぶ問題である。球面波展開して散乱振幅を求める。ベッセル関数を用いた展開で、その手法が教科書の解説のごとく書かれているのが面白い。6ページ目では導かれた表式の物理的な意味が丁寧に解説されている。あたかも現在の量子力学の教科書を読んでいるようである。

　最後の2ページでは光子（電磁波）が放出される確率も求めようとしている。微分断面積の計算であるが、湯川は一つ一つ丁寧に、確実に研究を進めていた。

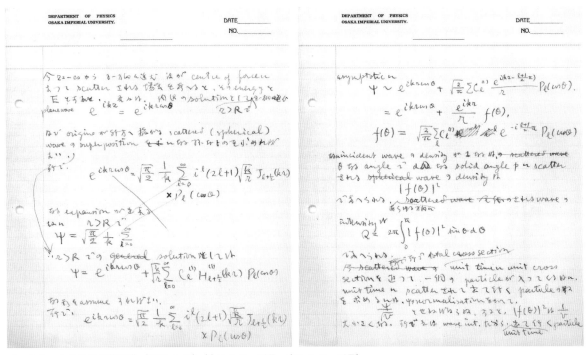

ノート2　中性子の共鳴散乱（1935.4.16）（左：5ページ目，右：6ページ目）

2. 貴重な理学部試験答案用紙

　もちろんのこと湯川は様々な紙を使って計算した。ときに手元に余っていた理学部試験答案用紙を利用する。試験答案用紙は縦 31cm, 横 22cm の大きなサイズで、湯川は大きな用紙に大きな字で計算していたことがわかる。

［ノート3　薄膜による中性子散乱（1ページ目）］

　試験答案用紙の表裏に 7 ページにわたる計算で、大切に残していた。日付は記されていないが、この計算は論文 "Elementary Calculations on the Slowing Down of Neutrons by a Thin Plate" Proc. Phys.-Math. Soc. Japan, 3rd Ser., 18, 507-518（1936）の第 7 章部分のためのものだろう。

　絵を書いて、高校で習うピタゴラスの定理も使いながら丁寧に計算しているのがわかる。

［ノート4　重量子仮説と宇宙線］

　大阪帝国大学理学部試験答案用紙 6 ページにわたる計算である。日付はないが、1937（昭和11）年のものであろう。冒頭にタイトルとして「重量子の仮説と宇宙線に関する諸実験結果との比較」と記している。実験観測データをもとに湯川の重量子仮説が正しいかどうか見極めようとしていた。ここで「重量子」とはのちに中間子と呼ばれるもので、電子と陽子の中間ぐらいの質量を持つ粒子のことである。1937年春、ネダマイヤーとアンダーソン（Neddermeyer, Anderson）が霧箱による宇宙線観測で「新粒子」を発見してすぐ後、ストリート・スティーベンソン（Street, Stevenson）も新粒子の飛跡を捉えた。湯川は、Street, Stevenson の発表論文の解析から考察を始める。この新粒子は実はミュー粒子（ミューオン）であることが後にわかるのだが、当時は湯川の重量子との区別がつかなかった。

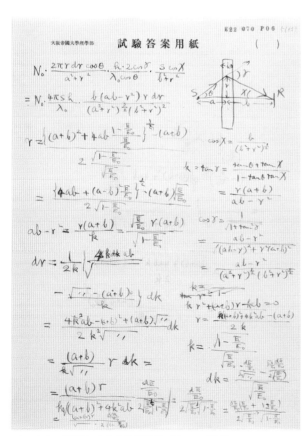

ノート3　薄膜による中性子散乱（1ページ目）

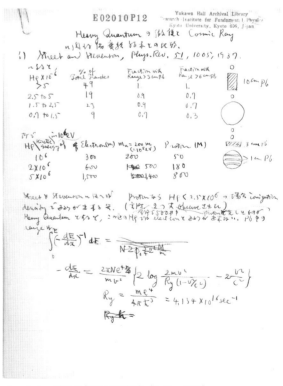

ノート4　重量子仮説と宇宙線（1ページ目）

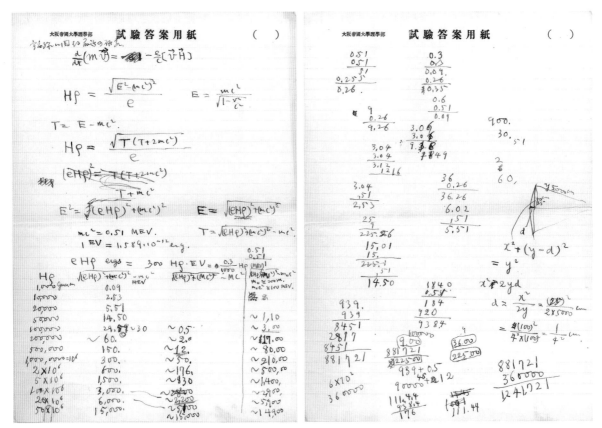

ノート4　重量子仮説と宇宙線（左：2ページ目，右：3ページ目）

　湯川は宇宙線観測で見つかった粒子の質量が電子の質量の200倍として、エネルギー損失、磁場による曲がり具合などを計算する。電卓も計算機も無い時代、湯川は手計算で飛跡半径とエネルギーの関係をテーブルにしている。3、4ページでは手計算のみが書き殴られている。計算の過程がよくわかる。

3．ひたすら考え、計算する

［ノート5　軽粒子の理論］

　この12ページに及ぶノートの日付は1936（昭和10）年4月9日と記され、タイトルは「軽粒子の理論 続き」となっている。4月4日の年会で発表した電子陽電子理論（反電子＝陽電子、反陽電子＝電子とする理論）では電磁相互作用を取り入れていなかった。この考察では、電磁相互作用の効果を摂動論的に取

り入れ、交換関係や運動方程式を吟味している。

　湯川はまず1ページ目で、問題の所在、設定を文章でまとめ、2ページ目より計算を展開している。2ページ以降は、6ページ、7ページをのぞいて、ほぼ数式のみである。正エネルギー状態と負エネルギー状態の寄与を丁寧に調べている。7ページ目では電磁相互作用を位相因子の形にまとめようとするのだが、うまくいかない。

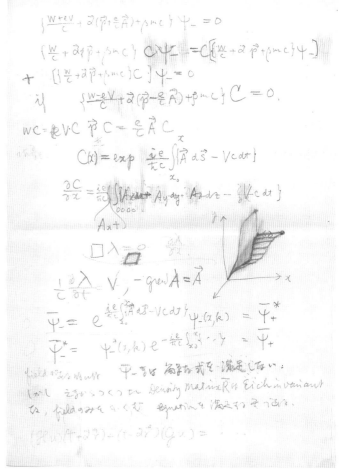

ノート5　軽粒子の理論（1936.4.9）（左：1ページ目，右：7ページ目）

[ノート6　中性子の電気能率]

　1937（昭和11）年6月22日の日付で書かれた8ページのノート。タイトルは「中性子の電気能率について」となっている。中性子は電気的には中性で、単純に考えると双極電気能率もゼロであろう。しかし、ひょっとして、量子的な効果でこの電気能率がゼロでなくなるかもしれない。もしそうだとすれば、中性子は電荷がゼロであるにもかかわらず、電場に

よって散乱されるであろう。湯川は、クーロン場の中での中性子の電気能率による散乱をシュレーディンガー方程式を解いて決めようとしている。2ページ目からは部分波展開を用いて計算するが、容易には解けない。数学的には厄介な問題である。中性子の電気能率の問題は現在でも未解決で、現在の理論では説明仕切れない新しい物理が含まれているのではないかと考える物理学者もいる。

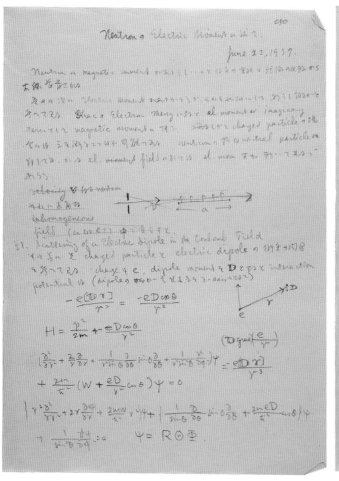
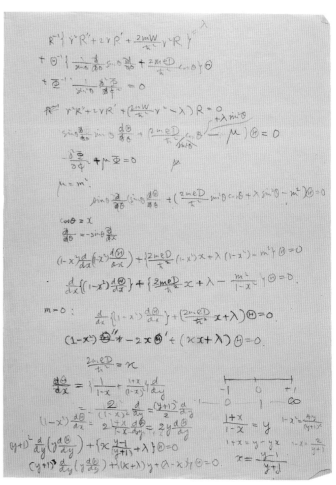

ノート6　中性子の電気能率（1937.6.22）（左：1ページ目，右：2ページ目）

第8章

論文を練り上げる

　湯川は考察を重ね、論文にまとめる。あるいは考察を深めるために論文の形に整理する。何度も手を入れて磨き上げる。あたかも物理学者という名の鍛錬された技術職人のように。論文は筆記体の綺麗な英語で綴られる。思索の過程が再現されていて面白い。

１．流れる草稿、溢れる修正

　湯川は研究をまとめるのに論文を書く。多くの場合、研究の終盤というより中盤で論文を書き始める。理路整然と動機や背景を綴り、そして本論の展開へと進んでいく。最後までたどり着かず、途中で一時休止、研究、計算の継続となることも多い。一通り草稿が仕上がってからも、推敲に推敲を重ね、他の人には読み辛いほど修正加筆がなされることもある。

［論文草稿3　光子散乱による電子対生成］

　1935（昭和9）年4月に書き始めた。湯川と坂田昌一が著者の論文「On Pair Production by Scattering of the γ-Ray」の草稿で、書き出しの部分（第2節まで）が6ページにわたって記されている。宇宙線が物質を通過するときにいかにエネルギーを失っていくかを理解するにあたり、電磁相互作用による電子・陽電子対生成の効果を調べている。この論文が書かれた頃、湯川は坂田昌一を大阪帝国大学に迎え入れ、共同研究するようになっていた。

　最初の3ページほどは導入（Introduction）に当て

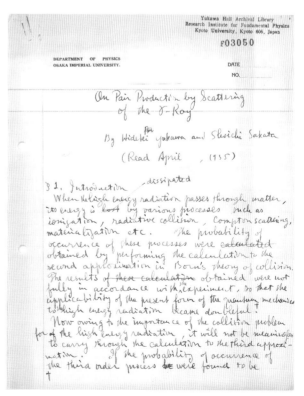

論文草稿3　光子散乱による電子対生成（1935）（1ページ目）

られ、問題の背景、考え方、考察すべき点の整理などスムーズに書き進められている。湯川の筆記体の英語は整っていて読みやすい。日本語の場合とは大違いだ。4ページ目から「§2．2光子による対生成」が始まる。具体的な散乱断面積、つまり、どの程度の頻度で電子陽電子対生成が起こるかの計算がなされている。二つの振幅の和が現れる一般的な表式までは行き着くのだが、そこでこの草稿は終わる。最後の方は書き直しが多い。

［封筒 6　日本数学物理学会より（1936年 7 月）］
［論文校正 4　薄板による中性子の遅緩］

　日本数学物理学会欧文誌に掲載された論文、H. Yukawa, "Elementary Calculations on the Slowing Down of Neutrons by Thin Plate", Proc. Phys.-Math. Soc. Japan, 3rd Ser., 18, 507-518（1936）の校正原稿である。東京帝国大学理学部内にあった日本数学物理学会事務局から湯川に郵送された封筒表には赤字で「至急」とある。封書に宛先住所はなく、単に「大阪帝国大学理学部　湯川秀樹殿」となっている。

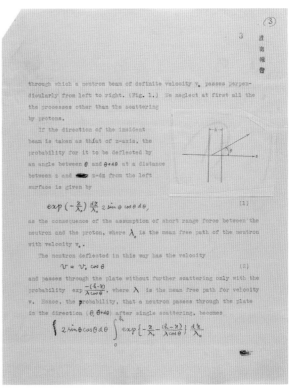

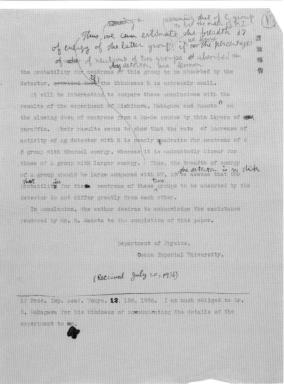

論文校正 4　薄板による中性子の遅緩（1936）
（上：3 ページ目，下：17ページ目）

封筒 6　日本数学物理学会より（1936年 7 月）

原稿最初のページには別刷の指示も書き込まれている。論文中の四つの図は製図用紙に書かれ論文に貼り付けられている。この原稿は湯川の手元に残されたもので、正式な校正は数学物理学会に返送されたのであろう。至る所に赤字の修正文があり、湯川の推敲を物語る。この論文は1936（昭和10）年7月20日に受理されている。

校正の手直しの最後に1枚の紙が追加されている。論文校正16ページ目に記載されていた（33）式に関するコメント文である。この紙は理学部試験答案用紙で、4名による物理談話会のプログラムの原稿に使われていた。その裏面に、湯川は赤字で校正論文に付け加える文を練っていた。

論文校正4 薄板による中性子の遅緩（追記）裏面（上）に校正文、表面（下）はプログラム原稿

この発表論文の第1草稿も残されている。

［草稿5 薄板による中性子の遅緩］

上記の論文H. Yukawa, "Elementary Calculations on the Slowing Down of Neutrons by Thin Plate", Proc. Phys.-Math. Soc. Japan, 3rd Ser., 18, 507-518（1936）の第1草稿で、17枚に書かれている。そのうちの12枚の草稿の裏面にも詳細な計算等が記され、合計29ページの史料となっている。

手書きで何度も何度も修正と加筆を加え、本人でなければ読めない部分も多い。最終的には日本数学物理学会の欧文誌に投稿された。比較してみると面白い。

この論文の内容は1936年7月4日に日本数学物理学会で発表され、その直後にこの草稿が書かれた。2週間ほどでまとめ、投稿している。タイトルからして変更に変更を重ねている。出だしの文章も推敲が重なり、途中では紙面の裏で計算のやり直し、再チェックもなされている。湯川の論文執筆過程の凄まじさがにじみ出ている貴重な史料である。

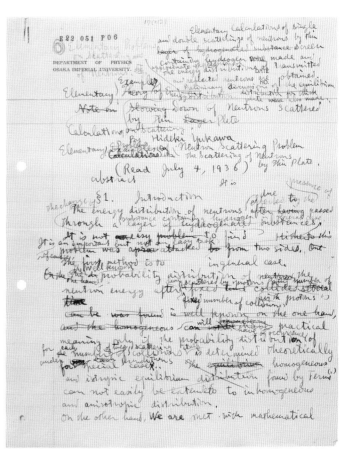

草稿5 薄板による中性子の遅緩（1936）（1枚目）

4枚目の裏面では5枚目の草稿に記される式の
チェックがなされている。再度再度のチェックであ
る。いたるところ文章の書き直し、言い回しの修正
がなされている。9枚目では「§5．重複散乱され
た遅い中性子の数」が始まるが、その裏面に描かれ
ていた重複散乱の模式図が透けて見える。12枚目で
は散乱された中性子の数のエネルギー依存性を手描
きでプロットしている。

　論文を仕上げることは、自分自身との格闘となる
緻密な作業でもあった。

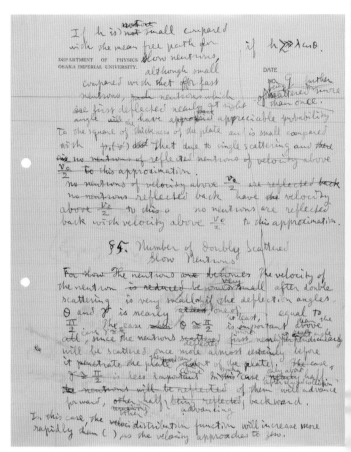

草稿5　薄板による中性子の遅緩（9枚目）

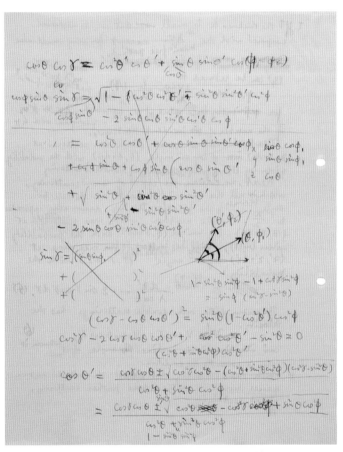

草稿5　薄板による中性子の遅緩（4枚目の裏）

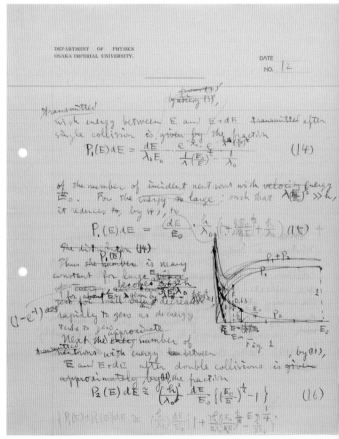

草稿5　薄板による中性子の遅緩（12枚目）

［草稿 6　陽電子理論の密度行列］

　アメリカの物理学会論文誌 Physical Review の Letter として投稿した論文の手書きの草稿で、日付は1936年4月21日となっている。ディラック（Dirac）はディラック方程式を導いた後、その帰結として現れた負エネルギー解を解釈する過程で陽電子の存在を予言した。その時、ディラックは、真空は空っぽではなく、負エネルギーの電子状態がすべて占有されている状態であると主張する。これは一般に「ディラックの海」と呼ばれる。すると真空には電子が無限個詰まっていることになってしまって、当時の多くの物理学者は、これはディラック理論の困難であり、どこかおかしいと考えていた。

　湯川はこの困難を、まず電子、陽電子それぞれのディラック場を用意し、二つの場の間にある関係を課すことで「無限電荷」が生じない理論を作ろうとした。つまり、電子場、陽電子場それぞれの負エネルギー状態の「ディラックの海」の無限電荷が相殺して「正常な真空状態」が実現できるという仕掛けを考案したのである。現在では、湯川が導入した二つの場は荷電共役（粒子と反粒子の入れ替え）という操作で結びつき、一つの場で十分なことがわかっている。湯川は一歩手前まで来ていたのである。

　草稿の最後に記す英語の所属を、最初、大阪帝国大学「Department of Physics」としていたのを「Institute of Physics」に訂正している。物理学科の英語表記をなぜ変えようとしたのか、定かでない。翌年からは従来通り「Department of Physics」としている。ちなみに、湯川が愛用しているノート用紙は「DEPARTMENT OF PHYSICS, OSAKA IMPERIAL UNIVERSITY」のものである。

草稿 6　陽電子理論の密度行列（1936.4.21）
（上：1ページ目，下：4ページ目）

２．表に論文、裏に手直し

　草稿から原稿、そして論文誌へ投稿、校正、最終版が完成するまで手直し作業が続く。

［原稿７　素粒子の相互作用について．II］

　坂田昌一との共著論文「On the Interaction of Elementary Particles. II.」の原稿で1937（昭和11）年11月９日、速達で数物学会事務局に送付している。これはその時手元に残したもので、多くの箇所（原稿の裏も含めて）に手書きの追加文章、式が挿入されている。論文の最終版の原稿ではない。この論文の内容は、1937年９月25日の日本数学物理学会大阪支部常会で発表された。坂田昌一が書いた原稿をもとに第２節から第４節が書かれている。第１節、第５節は湯川が独自に書いたようである。

　湯川が1934（昭和９）年に投稿、1935（昭和10）年に出版された最初の論文「On the Interaction of Elementary Particles. I.」で導入された新しい粒子（重量子、のちに中間子と呼ばれる）の理論の展開である。1937年、宇宙線の観測で見つかった新粒子が湯川の中間子かもしれないという予想のもとに、中間子はスカラー場であると仮定し、陽子、中性子との相互作用を詳細に分析している。最初の論文を書いて以来、湯川は９編の論文を少し異なるテーマで書いたが、この論文で再び中間子を正面から取り上げるようになった。宇宙線観測で新粒子の存在が明らかになり、湯川は核力の説明に新粒子を導入するという考え方そのものに確固たる自信を持ったに違いない。

　原稿の４ページ目の裏には、４ページ目に書かれている文章を変え、かつ、相互作用をもっと一般化することを試みている。最後のページ（12ページ目）では、文章の修正以外にも、仁科芳雄と菊池正士への謝辞と校正原稿への追加項目に関する箇条書きメモも記している。

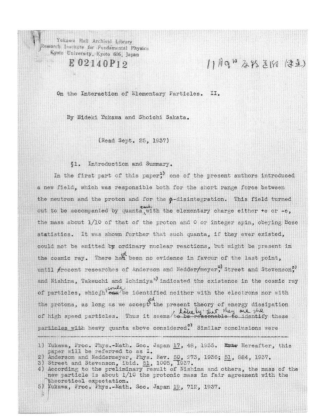

原稿７　素粒子の相互作用について．II（1937）（１ページ目）

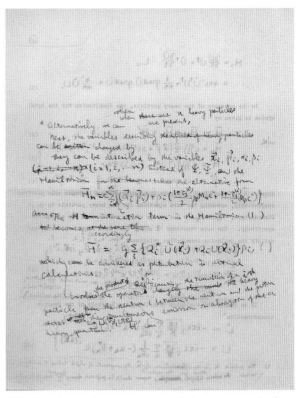

原稿７　素粒子の相互作用について．II（４ページ目の裏面）

<small>70</small>

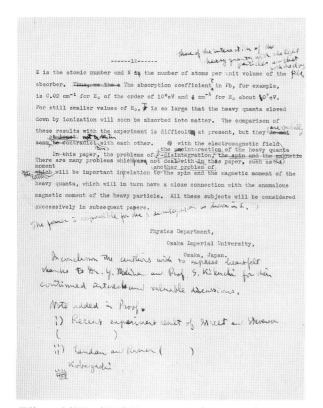

原稿7　素粒子の相互作用について. II（12ページ目）

校正8　素粒子の相互作用について. II 封筒（1937）

［校正8　素粒子の相互作用について. II］

　前述の坂田昌一との共著論文「On the Interaction of Elementary Particles. II., Proc. Phys.-Math. Soc. Japan, 3rd Ser., 19, 1084-1093（1937）」の校正原稿である。この校正は数物学会事務局より湯川宛に1937（昭和12）年12月4日の消印で送付された。当時の校正作業がよくわかる。校正の最後に、「仁科芳雄博士と菊池正士教授に感謝する」との謝辞を書き加えている。また、「Note added in proof」として、直前になって知ったStreetとStevensonの新粒子に関する報告について言及し、その新粒子が湯川理論の中間子とすれば核力の到達距離がどれくらいになるかを見積もっている。

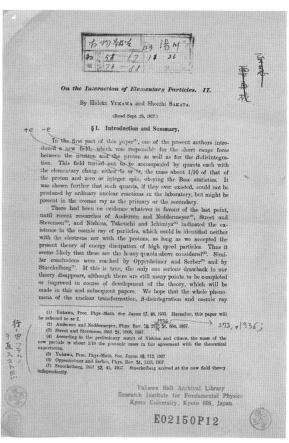

校正8　素粒子の相互作用について. II（1ページ目）（1937）

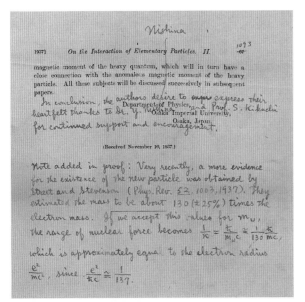

校正8　素粒子の相互作用について．II（11ページ目）

[草稿9　中性子・重陽子衝突の理論]

坂田昌一との共著論文「On the Theory of Collision of Neutrons with Deuterons, Proc. Phys.-Math. Soc. Japan, 3rd Ser., 19, 542–551（1937）」の草稿である。一部タイプされているが、手書きの部分も多い。草稿の最初のページ（5ページ目）には、以前に書いた第4節始まりの部分の原稿の空いたスペースを使ってタイトルやアブストラクトを書いている。紙面の順序もかなり入れ替えている。1ページから4ページに付された図は論文原稿に添付されるべきものだが、丁寧に原図が描かれている。

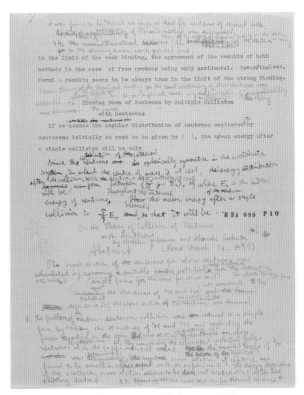

草稿9　中性子・重陽子衝突の理論（1ページ目）

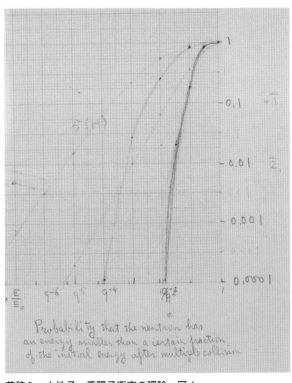

草稿9　中性子・重陽子衝突の理論　図4

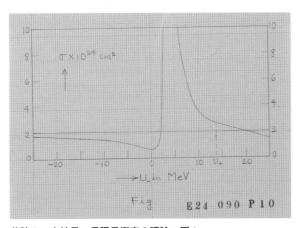

草稿9　中性子・重陽子衝突の理論　図1

72

[論文原稿10　素粒子の相互作用について．III]

　坂田昌一、武谷三男との共著論文「On the Inter-action of Elementary Particles. III」の33枚、裏面

も使って45ページにわたる手書きの原稿。日付は1938年1月22日である。修正に修正を重ねる痕跡が圧巻である。

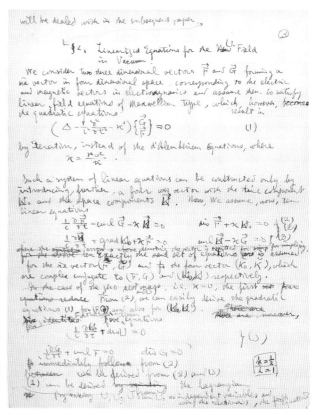

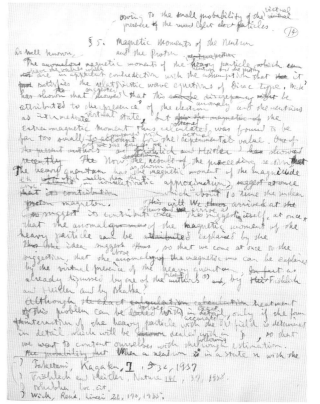

[論文原稿11　素粒子の相互作用について．Ⅳ]

　これは、1938（昭和13）年5月28日の第18回日本数学物理学会大阪支部常会で発表された講演に基づく論文の第1草稿であろう。1938年6月に書き出されたものと推定される。この手書きの草稿では、湯川、坂田昌一、小林稔3名が著者となっているが、論文の最終版では、武谷三男も加わって、4名が著者となっている。この草稿では、最終論文の第1節、第2節、第4節の一部、第5節の一部のトピックが議論されている。

　湯川達は核力を媒介するボゾン（中間子）として電荷を持ったU粒子と中性のN粒子を考える。この頃、湯川達はU粒子、N粒子はスピンを持ったベクトル場であると考え、方程式、相互作用を書き下していた。1938年ごろになると、ヨーロッパの著名な物理学者も湯川の核力を媒介する中間子のアイディアに大きな興味と敬意を持つようになっていた。特にこの草稿の1ページ目の下部の注釈で述べているように、ケンマー（Kemmer）やハイゼンベルク（Heisenberg）が彼らの研究結果を発表前に湯川に知らせてくれたことに対して湯川達は感謝の意を表している。その他、バーバ（Bhabha）、フレーリッヒ（Fröhlich）、ハイトラー（Heitler）、ステュッケルベルグ（Stückelberg）など、多くの物理学者が核力の謎を解こうとしていた。

論文原稿11　素粒子の相互作用について．Ⅳ
（上：1枚目，下：4枚目）

［校正12 素粒子の相互作用について. IV］

湯川、坂田昌一、小林稔、武谷三男の論文「On the Interaction of Elementary Particles. IV, Proc. Phys.-Math. Soc. Japan, 3rd Ser., 20, 720-745 (1938)」の校正である。受理の日付は1938年8月2日である。荷電U粒子、中性U粒子の両方を含む理論を構築し、核力、ベータ崩壊等を総合的に解析している。U粒子はスピン1のベクトル粒子であるため、U粒子の交換から生ずる核力の形も複雑になる。重陽子の波動方程式やベータ崩壊、U粒子自身の崩壊確率と寿命、物質中でのU粒子生成や吸収、U粒子の磁気能率など解析は多岐にわたる。

前述の原稿［論文原稿11］と比較してみると、冒頭の書き出し部分は内容は同じだが言い表し方が大きく変えられていることがわかる。最後のページではいくつかの追記を記している。この頃、第6章2節で触れたように、湯川は研究室で頻繁に勉強会を開いていた。そこでは、坂田、小林、武谷の他に若い学生たちも一緒になって研究していた。この論文では、大学院生の岡山と裵（Hai）、学部学生の谷川の手助けがあったことに謝意を表している。最初、坂田昌一夫人の名も書きかけたが、物理の論文の謝辞としては適切でないと思ったのか削除している。最後に Note added in proof としてネダマイヤーとアンダーソンが宇宙線観測で見つけた新粒子（現在ミュー粒子として知られる）について言及している。

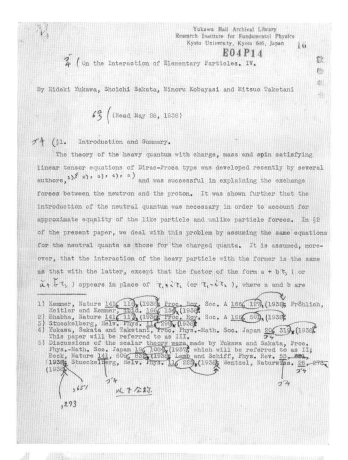

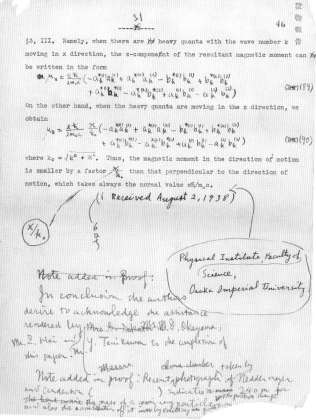

校正12 素粒子の相互作用について. IV（最初（上）と最後（下）のページ）

[草稿13　メソトロンの質量と寿命]

　湯川と坂田昌一との共著論文「The Mass and the Life-Time of the Mesotron, Proc. Phys.-Math. Soc. Japan, 3rd Ser., 21, 138-140（SN）（1939）」の初期の段階での原稿である。6ページにわたる。日付は1939（昭和14）年2月26日である。

　この論文が書かれたとき、湯川が核力を説明するために導入したメソトロン（現在の荷電パイ中間子に対応）と1937年宇宙線観測で見つかった粒子（現在のミュー粒子）が同一のものか、異なる粒子なのかわかっていなかった。核力を媒介するメソトロンも不安定で、崩壊すると考えられる。湯川達はメソトロンがベータ崩壊と同じような過程で電子とニュートリノに崩壊すると想定し、その寿命を計算している。一方、宇宙線で観測された粒子の振る舞いから見積もられた寿命はそれよりも10倍以上長かった。この違いをどう説明するか、湯川達は様々な可能性を探る。現在では、パイ中間子はスピンが0のボソン、ミュー粒子は電子の仲間でスピンが2分の1のフェルミオンであり、質量はパイ中間子の方が少し重いがほぼ同じであり、両方ともWボソンを媒介にして電子とニュートリノに崩壊することがわかっている。ボソンとフェルミオンの違いもあり、荷電パイ中間子の寿命はミュー粒子の寿命と比べて100分の1ぐらいになる。わずかの実験、観測データしかない時に、そこから粒子の正体と力（相互作用）の正体を突き止めようと壮絶な研究を繰り広げていたのである。

　この草稿は3ページの短いものだが、湯川はすぐに書き直し作業に取りかかり、2度目の草稿とともに合計6ページのものとなっている。2度目の草稿を書くとき、ノート用紙がなかったのか、最後の2ページは以前日本語でのレビューを書いた時の原稿用紙の裏面を使っている。

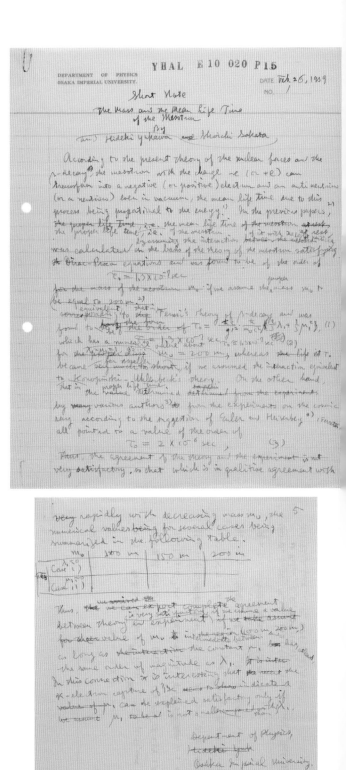

草稿13　メソトロンの質量と寿命（1939.2.26）
（上：第1草稿の1ページ目，下：第2草稿の3ページ目）

第**9**章

共同研究者の下書きは
比類なきレビュー

　湯川のまわりには多くの若き俊英が集まった。大阪帝国大学理学部物理学教室は日本における物理学研究の最先端の場所であった。中でも、坂田昌一、武谷三男、小林稔は湯川の共同研究者として白熱の研究活動を支え、その後、日本の理論物理学、自然科学界を背負っていくことになる。坂田昌一は1934（昭和9）年に助手として湯川のグループに加わった。湯川の最初のノーベル賞対象の論文は単著であるが、それ以降は坂田昌一との共著が大半を占める。その後、1938（昭和13）年ごろからは研究室としてグループ研究を進めるようになる。坂田のほかに武谷や小林も中心メンバーとして活躍する。

　論文を執筆するに際し、原稿内容を整理、分担し、それぞれ担当者がまとめのノート原稿を用意する。面白いことに、坂田や武谷は日本語で原稿を書き、湯川はそれをもとに英語で原稿を書く。共同研究者がまとめた下書きは、単に論文の一部の原稿としてだけではなく、それだけで一つのトピックの見事なレビューになっている。ここでは、坂田と武谷の下書きノートを覗いてみよう。

1. 字体は個性の証

　研究者は一人一人、独自のスタイルをもつ。研究をまとめるべくノートに整理する。多くの場合、湯川の原稿は思索が流れ出るように流暢に綴られる。英語の文章は字体も素直で筆記体が美しく読みやすいが、日本語の文章は書道で鍛えられた美しい草書風で、一般の人にはちょっと読みづらい。湯川が書き記したそんな膨大な原稿を読んだ後に、湯川の共同研究者の坂田や武谷が記したノートをみると驚いてしまう。湯川の草書体とは大違いで、なんと読みやすい日本字なのだろうかと。じっくり読むと坂田や武谷の毅然たる論理がひしひしと伝わってくる。

［草稿14　坂田昌一「重量子と重粒子の相互作用」］

　湯川と坂田昌一は論文「On the Interaction of Elementary Particles. II.」を準備していた。この原稿はその論文の主要部分の節の下書きとして坂田昌一が書いたものである（最終的な論文の第2節から第4節までの部分に対応する）。坂田も大阪帝国大学物理学教室のノート用紙に原稿を書いている。坂田は日本語で原稿を書き、湯川はそれをもとに英語で原稿を書いた。2ページ目、4ページ目には、湯川の英語の書き込みも記されている。坂田の字は活字体で一字一字丁寧に書かれ、非常に読みやすい。湯川の筆記体とは対照的である。

　坂田の原稿は論文原稿ではあるが、理路整然としていて、これだけでも優れたレビューとなっている。

湯川はこのような坂田のまとめを重宝したに違いない。重粒子（陽子、中性子）と重量子（中間子）の相互作用ハミルトニアンから、様々な過程を記述する行列要素を決め、それを用いて中性子、陽子間の交換力（湯川ポテンシャル）を導出している。さらに、高次（4次）の量子効果として陽子、陽子あるいは中性子、中性子間の力を計算している。湯川と坂田は重量子（中間子）として電荷がプラスとマイナスのものだけを想定していた。電荷がゼロの重量子（中間子）があることは、この段階では認識していなかった。

[草稿15　坂田昌一「U粒子の電子へ転化する確率」]

坂田昌一が「U粒子の電子へ転化する確率」についてまとめたノート。U粒子（現在の荷電パイ中間子）が電子とニュートリノに崩壊する確率を計算している。湯川達は、原子核のベータ崩壊もU粒子を介しておこる可能性を吟味していた。坂田の字は活字体に近く、かつ丁寧に書かれているので読みやすい。

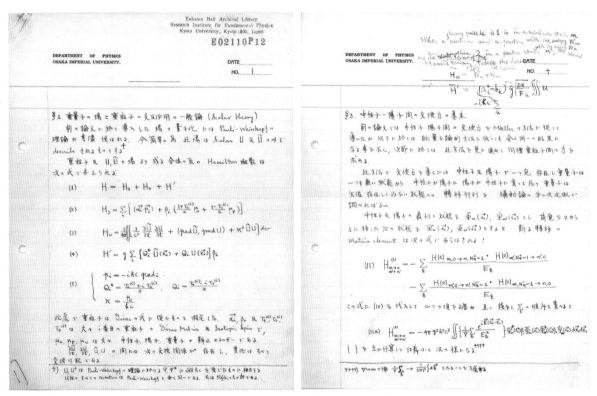

草稿14　坂田昌一「重量子と重粒子の相互作用」（左：1ページ目，右：4ページ目）

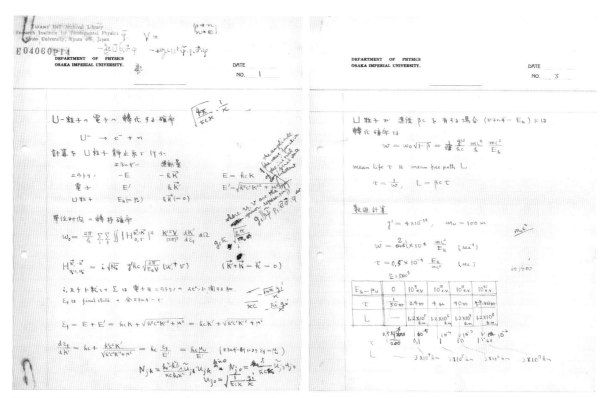

草稿15 坂田昌一「U粒子の電子へ転化する確率」(左:1ページ目,右:3ページ目)

2. 全くDialektischにやりました

　武谷三男のノートも面白い。武谷が坂田に
送ったはがきのやりとりは、研究の友として
だけでなく、世界観を共有するもの同士の親
しさがにじみ出ている。

[手紙4　武谷三男から坂田昌一へのはがき]

　1937年9月26日、京都下鴨に在住していた
武谷三男から大阪帝国大学の坂田昌一に宛て
たはがきである。先日やっていた磁気能率の
計算が一寸間違っていた、正しくやれば、う
まく合う、という内容である。一番上に「(湯
川さんによろしく!)」の書き込みがある。最
後に「京都での話は全くDialektisch(弁証法
的に)にやりました」とあるのは、武谷と坂
田の間柄を表していて面白い。

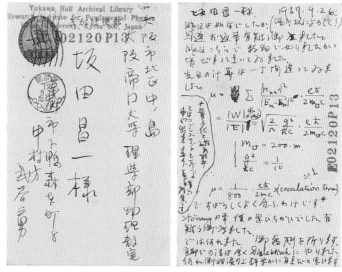

手紙4　武谷三男から坂田昌一へのはがき (1937.9.26)

[草稿16 武谷三男「U 粒子の Spin」]

　武谷三男がまとめたノートである。U粒子がスピン１の質量を持ったベクトル粒子であるとして、基本的な性質をまとめている。現在でいうプロカ（Proca）場で記述される。武谷のまとめはプロカ場のおさらいから始まり、その角運動量、スピン、量子化など見事なレビューとなっている。その後で、U粒子の磁気能率の計算を繰り広げている。湯川は論文を執筆するに際し、このまとめを手元にU粒子の磁気能率の部分を書いたのだろう。武谷が書くU粒子の「U」の文字はいつも角張っている。武谷にとっては特別な意味があったのだろう。

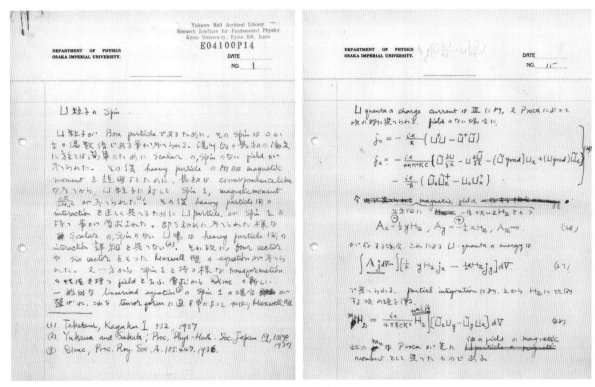

草稿16　武谷三男「U 粒子の Spin」（左：１ページ目，右：15ページ目）

第10章

解説は研究の源なり

　湯川は物理の基本問題は何かといつも考えていた。ミクロの世界では量子力学が古典力学にとってかわり、その結果、すべてを再吟味する必要がある。マクロの世界の不思議な謎も、実はミクロの世界の法則の帰結かもしれない。ミクロの世界もわからないことだらけだ。

　湯川は様々な考察をノートに記している。考察は整理され何が問題なのかを明らかにしようとする。やがて論文に発展することもあるし、いずれ解決の糸口を見つけるべく心に秘めて温められる時もある。学生達への講義、あるいは、一般研究者への総合解説も試みる。それらはすべて新たな研究へとつながっていく。

1．エントロピー増大の法則

　湯川の考察の切り出しは英語で始まることが多い。だが、だんだんと日本語を交え思索が進むようになる。

[ノート7　量子統計力学における非可逆性]

　1935（昭和10）年6月13日に記されたノートである。我々が普段目にし触れる空気や水や金属なども、細かく分解してみれば原子分子で構成されている。気体や液体では非常に多くの原子分子がお互いに力を及ぼし合って動き回っている。熱とは実は原子分子の運動を特徴づける量である。温度が高い物体と低い物体を引っ付けると、熱は温度が高い物体から低い物体へ流れ、やがて同じ温度になる。なぜだろう。こうした現象は熱力学、統計力学によって記述される。熱力学で導かれる一つの性質としてエントロピー増大の法則（ランダムさは増大するという法則）がある。言い換えると、巨視的な（マクロな）系（自由度の数が膨大な系）における時間発展は非可逆的であるのだ。湯川はこの性質をミクロの世界を支配する量子力学から説明できないかと考えていた。

　最初にこの問題に取り組んだのはフォン・ノイマン（von Neumann）である。量子力学は1925（大正14）年から1926（大正15）年にかけて確立され、その直後、ノイマンは量子力学の数学的基礎を精密化しようとした。ノイマンは1932（昭和7）年に「Mathematische Grundlagen der Quantenmechanik（量子力学の数学的基礎）」（Berlin, Julius Springer）という書物を記した。その中で、現在の量子統計力学の基礎となる、密度行列を使ったエントロピーの表式も与えている。湯川はこのノイマンのエントロピー表式を用い、非可逆的性がいかに帰結されるかを理解しようとしていた。日本では量子

力学と統計力学の関係を理解する人がほとんどいなかった時代での先駆的な考察である。

　後年（1957年）ノイマンの著書の日本語訳『量子力学の数学的基礎』（1957, みすず書房）が出版されるにあたり湯川は序文をしたためている。その中で湯川は「Neumann は本書において、量子力学の数学的な基礎を明らかにしたばかりではなく、観測の問題の精密な分析をも行い、更に進んで量子統計力学の再構成までも試みた」「今日まで本書の日本訳が出なかったことは不思議なくらいである」と述べている。

ノート7　量子統計力学における非可逆性（1935.6.13）
（1ページ目）

ノート7　量子統計力学における非可逆性（左：6ページ目，右：8ページ目）

2．ディラックの海

　量子力学の基本方程式を相対論的に拡張したディラック（Dirac）方程式、そこから導かれた真空の描像は度肝を抜くものだった。ディラックは、真空には無限の負エネルギー電子が埋まっている、だがそれは無きに等しく観測されない、と主張した。そんなことがありうるのか。湯川は考えを巡らす。

［ノート8　「ディラックの海」理論について］

　ディラックの論文「Discussion of the infinite distribution of electrons in the theory of the positron, Proc. Camb. Phil. Soc., vol 30, 150, 1934」に関する批判的な考察である。ディラックはディラック方程式の負エネルギー解の電子の状態はすべて占有され、

そこにできるホール（正孔）、つまり、負エネルギー電子を取り除いた状態がポジトロン（陽電子）として振る舞うとした。このとき、真空でも無限個の電子が詰まっていることになって、いろいろ問題が生じる。湯川はディラックの論文を丁寧に読み解きながら、正エネルギー解（電子）と負エネルギー解（陽電子）に対するハミルトニアンを設定し、量子力学の枠内でなんとかこの困難を解決しようと試みる。詳細な計算ノートである。現在では、場の量子化によりこの問題は解決されることが知られている。この考察は、1934（昭和9）年の「陽電子の理論について」の発展であり、1936（昭和11）年春の論文「陽電子理論の密度行列」につながっていく。第7ページの裏に記された詳細な計算メモが透けて見える。

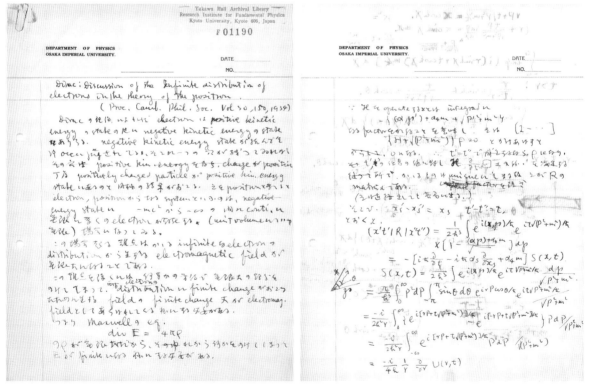

ノート8　「ディラックの海」理論について（左：1ページ目，右：7ページ目）

3. 講義ノートと解説

　湯川は様々なノートを残した。一般の学生を対象としたと思われるノートや物理の研究者向けの解説もある。

[ノート9　量子力学から多体相対論的量子力学]

　湯川がノートや原稿の整理用に作っていた「1936年フォルダー」に納められていた49ページに及ぶノートであるが、日付はない。量子力学の基礎から多体系へ、そして相対論的な量子力学の構成にまで話が及ぶ。講義ノート風に書き綴られているが、実際に誰かを対象に講義したのか、あるいは、自分の考察を深めるためにまとめたのかは定かでない。このノートは、大阪帝国大学物理学科のノート用紙の表裏を使って書かれている。

　量子力学では物理量が演算子（operator）で表され、非可換量になることから説明が始まる。多体系の量子力学に話が進むが、途中（8ページ目あたり）原子核の構造に関する基礎問題の整理メモも挿入される。再び量子力学の基本原理に立ち返り、基本（正準）交換関係の相対論的関係への一般化を論じる。当時のすべての物理屋を悩ませていた問題である。アインシュタインの相対性理論によれば、空間と時間はローレンツ変換で混ざる。にもかかわらず、量子力学では時間が特別な役割を果たす。時間を含めて基本交換関係を相対論的に普遍な関係にできないか。20ページ目あたりから10ページにわたって考察を深める。その後、ディラック（方程式）理論に倣って4行4列の行列表示の演算子関係の議論に進む。37ページ目あたりでは、再び量子力学の正準方程式の相対論的一般化に取り組むが未完に終わる。45ページからは場を演算子として扱うアイディアを展開する。ボゾンかフェルミオンによって同時刻での交換関係か反交換関係を設定し、ハミルトニアンとの交換関係で時間発展を記述するというものである。最後の4ページには詳細な計算が書き殴られている。場の量子論の定式化までもう少しの所まで来ていた。現在の相対論的な場の量子論を試行錯誤で探っていたのである。

ノート9　量子力学から多体相対論的量子力学
（上：1ページ目，下：17ページ目）

［ノート10　最近の実験結果より見たる素粒子の性質］

　この史料はどこかの雑誌に最近の研究の解説として準備されたものであろう。日付は1937年7月2日と記されている。湯川は保存するに際し、トップに原稿用紙を使って「最近の実験結果より見たる素粒子の性質　湯川秀樹　七月二日起稿」と書いてクリップで束ねていた。下書きの原稿（2ページ目から）は大阪帝国大学理学部の試験答案用紙に書かれている。

　表紙、および1ページ目の原稿の書き出しを見るとわかるように、湯川はこの文章のタイトルを何度も練り直している。「最近の実験結果より見たる」は不動だが、そのあと、基本粒子なのか重粒子なのか素粒子なのか、また相互作用なのか基本的性質なのか性質なのか、いろいろな組み合わせを考えているのが面白い。

　湯川は原子核に関する現象として陽子、中性子などの重粒子に関するものと、電子、ニュートリノなどの軽粒子に関するものに大別する。中性子の発見から原子核構造、重粒子間にのみ働く強い力（核力）と話を展開する。遅い中性子の陽子による散乱、原子核の質量欠損から相互作用を探ろうとする。解説の後半は重粒子の固有の性質として磁気能率に着目する。実験データを引用しつつ、なぜ観測されている陽子の磁気能率がディラックの理論から予想されるものと食い違っているのか、陽子、重陽子の磁気能率を強い力（核力）と結びつけて説明しようとしているのは独創的だ。

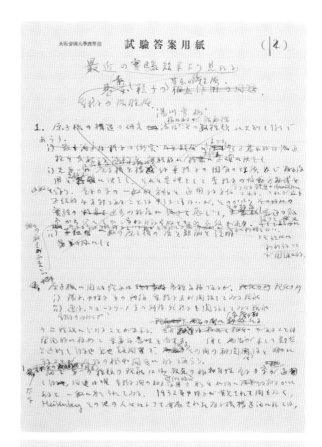

ノート10　最近の実験結果より見たる素粒子の性質（1937.7.2）（左下：表紙，上：1ページ目，下：4ページ目）

［原稿10　総合報告「遅い中性子の理論（II）」］

　日本数学物理学会誌に投稿された総合報告「遅い中性子の理論（II）」（1937年）の原稿である。総合報告「遅い中性子の理論（I）」の続編で、「§5．束縛された水素原子と中性子の衝突」および「§6．水素化合物中に於る中性子の遅緩」よりなる。遅い中性子とはエネルギーの小さい中性子のことである（この報告ではエネルギーは「勢力」と呼ばれている）。物質中を通過する中性子がいかにエネルギーを失っていくか、様々な角度から分かり良くレビューしている。日本数学物理学会誌原稿用紙28枚に書かれている。挿入する第4図から第6図が指定箇所に貼り付けられている。最後のページには「遅い中性子の理論（I）」の誤植訂正表を載せている。数式や文字の間違い訂正だけでなく、「440頁11行　「考へて居り」を「考へると」」のように細かい表現の修正を行っているのも湯川らしい。

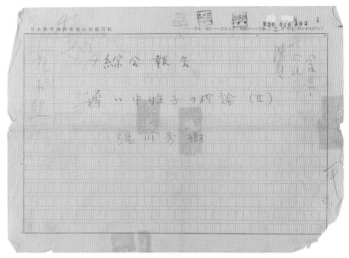

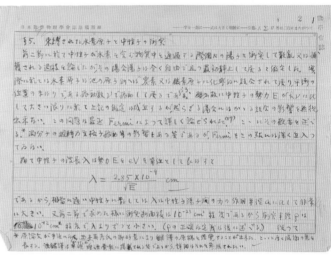

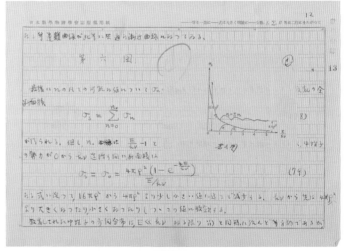

原稿10　総合報告「遅い中性子の理論（II）」
（上：表紙，中：2枚目，下：12枚目）

4. これからの物理は どこへ向かうのか

湯川は1939（昭和14）年5月26日、大阪帝国大学から京都帝国大学に移ることになる。1938（昭和13）年9月には共同研究者の武谷三男が特高（特別高等警察）に検挙され、戦争前夜の重苦しい社会になっていた。それでも湯川の中間子論研究はとことん突き進められる。しかし、湯川は一方で壁にぶち当たっていると思うようにもなる。

[講演原稿11 ベータ崩壊に関連する諸問題]

講演「ベータ崩壊に関連する諸問題」の準備で用意された1939年の原稿である。最初のページの欄外には、(i) ベータ線の勢力（エネルギー）分布、(ii) K電子捕獲、(iii) 選択規則、(iv) メソトロン理論との関係、の項目を記しているが、この原稿では (i)，(ii) の部分だけ議論している。ベータ崩壊とは中性子（N）が陽子（P）、電子（e）、ニュートリノ（ν）に崩壊する現象で、フェルミの理論やウーレンベックの理論を使って崩壊で出てくる電子のエネルギー分布を計算し、菊池正士らの実験データと比較している。さらに、同じ相互作用によってK電子捕獲、つまり陽子が電子を吸収して中性子とニュートリノになる現象も議論している。

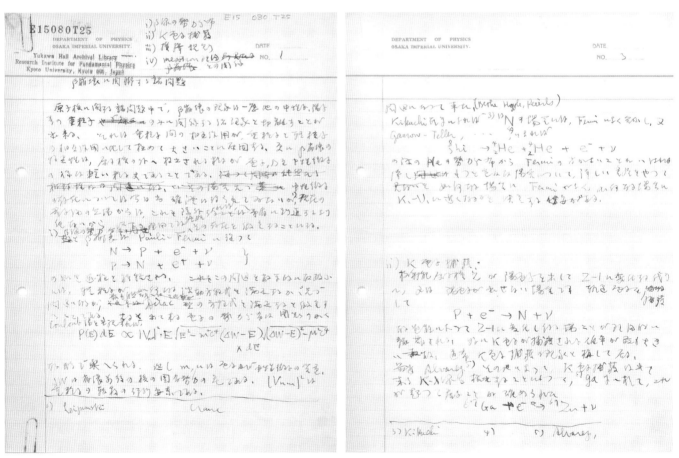

講演原稿11 ベータ崩壊に関連する諸問題（1939）（左：1ページ目，右：3ページ目）

[講演原稿12　メソトロンに関する一般的解説]

　1939年4月3日、日本数学物理学会年会が京都帝国大学で開かれ、そこでメソトロン（中間子）に関する原子核討論会が企画された。湯川は、最初に全般的な解説と導入を託され、その準備としてまとめたのがこの原稿である。湯川の解説の後、メソトロンに関する様々な研究が発表され議論された。湯川は、この年の5月に大阪帝国大学から京都帝国大学に移籍することになっていた。

　湯川は一度原稿を書いた後、冒頭に追加のコメントを加えた。そこで「実を申しますと、むしろ理論は大体行きつく所まで行き着き、困難な問題が残って居りまして、これを打開するには従来の量子力学の範囲では…不可能かもしれませぬ」と述べている。元の原稿でも、最初の節で「残念なことは私共の研究室と致しましては、特に討論して頂く価値のある様な材料を持って居らないことでありまして」と悲観的な口調で切り出している。

　湯川の苦悩とは裏腹に、湯川のメソトロンに関する現状の解説は簡潔で的を得ていて素晴らしい。「メソトロン」なる新しい粒子は、湯川が核力を説明するために1934（昭和9）年11月に最初に導入したものだ。この講演の最後の方で、湯川は名前の変遷に触れ、「重い電子」「バリトロン」「U粒子」「メソン」などの名が使われ、「メソトロン」と呼ぶことに落ち着いてきたと述べている（現在では「メソン」「中間子」と呼ばれる）。

　まず、実験からはっきりしているいくつかの性質をまとめている。(1) 質量は電子の100倍から200倍、(2) 電荷はプラスとマイナス、(3) メソトロンによる核力の到達距離は $2 \times 10^{-13} \sim 4 \times 10^{-13}$ cm、これは質量とうまく対応する。しかし、核力の性質から推察すると電荷を持たない中性のメソトロンも必要だが、実験ではまだ確認されていない。宇宙線の中に中性メソトロンがあるかどうか調べる必要があると強調している。

　メソトロンのスピンと統計についての見解も面白い。この講演をした時点では湯川はメソトロンはスピンが1のボゾンであるとするのが最も都合が良いとしている。1934年の論文ではスピン0のスカラー粒子を提唱したのだが、その後の核力の詳細な分析に基づき、スピン1のベクトル粒子に解析を絞り込むことになった。現在では、スピン0の擬スカラー粒子とスピン1のベクトル粒子の両方が必要なことがわかっている。

　湯川は引き続いてなされる講演31. 仁科、32. 玉木－尾崎、33-34. 小林－岡山、35. 坂田－谷川、36. 湯川－坂田、37. 湯川の簡潔な導入もしている。講演36まではすべてメソトロンに関するものである。湯川は創始者として世界のメソトロン（中間子）研究をまとめ、今後の研究の方向性を明示する立場にあった。

　最後の講演37で湯川は、さらに一歩進め、場の理論の限界に言及する。場の理論で量子効果が発散してしまうという困難が明らかになるにつれ、湯川は本質的に新しい理論が必要になると考えるようになる。一方、朝永振一郎は場の理論に対する信頼を捨てない。やがて解釈の仕方、物理量の見方を変更することにより発散を覆い隠してしまう、袋のなかに繰り込んでしまうという「繰り込み理論」を作り上げ量子電磁力学を完成し、1965（昭和40）年、シュヴィンガー、ファインマンとともにノーベル賞を受賞する。

メソトロンに関する一般的解説
（昭和十四年四月三日
京都帝大に於いて）

今回物理学会が京都大学で行われますことになりまして、幹事の方々の御配慮によりまして、メソトロンに関する討論会が持たれることになりましたことは、...

i) 質量 mass $m_U = 100\,m \sim 200\,m$ （1）

ii) 電荷 charge は $+e$ 及び $-e$ の両方あることは確かであります。

理論の方では mesotron の質量と nuclear force の
range $\frac{1}{\chi}\left(\frac{e^{-\chi r}}{r}\right)$ との間に

$$\chi = \frac{m_U c}{\hbar} \qquad (2)$$

なる関係があるとすると、$\frac{1}{\chi} = 2 \sim 4 \times 10^{-13}\,cm$ （3）

ii) 電荷 (charge) ：...mesotron が $+e$ の charge を持ったもの、$-e$ の charge を持ったものも両方あること...

これに対して理論の方からは neutron-neutron, proton-proton 間の force や neutron-proton 間の force ...一であるという。従って、neutral な mesotron も存在する...

iii) spin 及び statistics ですが、これは実験から直接きめることは困難です。
理論の方からは、現在の所では
spin 1, statistics Bose ... nuclear force との間の関係から...と考えられております。従って、mesotron は

Dirac - Proca

の wave equation を満足すべきものと考えられます。...nuclear force を伝える field は scalar (spin 0) でなく vector field である...

...mesotron の spin や statistics, wave equation が electron と違っておりますので、radiation との相互作用 (Bremsstrahlung, pair creation) ...

iv) mesotron の最も著しい特性として、それが他に何等 spontaneous に disintegration を起こして electron 及び neutron に変ってしまうこと... この為に mesotron は寿命の影響を...

...

最後に mesotron の名称ですが、これは色々ありまして

heavy electron, baryton, U particle などその他色々名称がありますが、今は mesotron の代りに meson という人もあります。...

第4部

日本の「博士」に
──ノーベル賞受賞

42歳、1949年

第11章

ノーベル賞受賞

　戦争が終わり、世界は動き出す。自然科学の世界でも活発に研究が再開される。1947（昭和22）年、湯川が1934（昭和9）年に予言した中間子（現在ではパイ中間子、あるいはパイオンと呼ばれる）がパウエルによって宇宙線の中に発見される。1949（昭和24）年、湯川はこの中間子論の研究により日本人として初のノーベル賞を受賞する。敗戦後のすさんだ世相の中に飛び込んできたこの明るいニュースは国民的な感激を呼び起こした。

On the Interaction of Elementary Particles. I.

By Hideki Yukawa.

(Read Nov. 17, 1934)

§1. Introduction

　At the present stage of the quantum theory little is known about the nature of interaction of elementary particles. Heisenberg considered the interaction of "Platzwechsel" between the neutron and the proton to be of importance to the nuclear structure.[1]

　Recently Fermi treated the ...

The massive quanta may ... produced by cosmic rays.

　In conclusion the writer wishes to express his cordial thanks to Dr. Y. Nishina and Prof. S. Kikuchi for the encouragement throughout the course of the work.

Department of Physics,
Osaka Imperial University.

(Received Nov. 30, 1934)

1949年ノーベル物理学賞の対象となった1934年の論文の冒頭と最後の部分（日本物理学会・日本数学会提供）

幻のソルベー会議（1939）

湯川が1934（昭和9）年に提唱した核力を媒介する新粒子（中間子）のアイディアは、1937（昭和12）年アンダーソンとネダマイヤーにより発見された新粒子（ミュー粒子、ミューオン）の発見以降、多くの研究者に着目されるようになった。1938（昭和13）年には、その革命的な考え方の斬新さ、重要性は世界の最先端の物理学者に広く認められるようになっていた。

湯川は1939（昭和14）年10月にブリュッセルで開かれる予定のソルベー会議（The Solvay Conference on Physics）に招待される。ソルベー会議は当時3年から4年に一度、20人から30人程度の大御所および新気鋭の先端の物理学者が集まる国際会議で物理学の発展に大きく寄与してきた。湯川は1939年4月に招待状を受け取った。

その直後、湯川は前年急逝した恩師玉城嘉十郎教授の後任として5月26日に京都帝国大学に転任する。そして6月末、ソルベー会議へ向け神戸より靖国丸で出航し、8月2日ナポリに到着する。ドイツのライプチヒで朝永振一郎と会う。

だが第二次世界大戦が勃発し、ソルベー会議は中止（無期延期）となる。8月末、湯川はベルリンから大西洋経由で帰国の途につく。ニューヨークに寄港したのを機に下船、東海岸のプリンストンから西海岸のサンフランシスコまで列車で各地の大学や研究所を訪れ、アインシュタインら多くの物理学者と交流を深める。日本（横浜）に戻ったのは1939年10月28日であった。1941（昭和16）年12月には日本も太平洋戦争に突入してしまう。

終戦、平和

1945（昭和20）年8月、戦争は終結する。日本は敗戦国となる。戦時下においても、束縛され制限された社会環境の中、湯川、朝永、坂田を中心とする日本の素粒子論グループは最先端の研究を守り抜き、独自に研究を展開していたことは特筆に値する。戦争が終わり、平和が戻り、世界各国の間の交流が取り戻されるにつれ、アメリカの研究者は日本の研究者のレベルの高さに驚く。

コロンビア大学客員教授

1948（昭和23）年、湯川はプリンストン高等研究所に招かれ渡米する。翌年（1949年）、湯川はコロンビア大学に客員教授として迎え入れられ、ニューヨークに移る。そしてこの年の冬、湯川はノーベル物理学賞を受賞する。快挙であった。日本人として最初のノーベル賞受賞で、日本の国民に希望と自信と勇気を与えた。

コロンビア大学　ラビ教授とともに（1949）

コロンビア大学にて（1949）

ノーベル賞受賞の知らせを受けた後、プリンストンにて、
オッペンハイマー、朝永振一郎とともに

ノーベル賞メダル

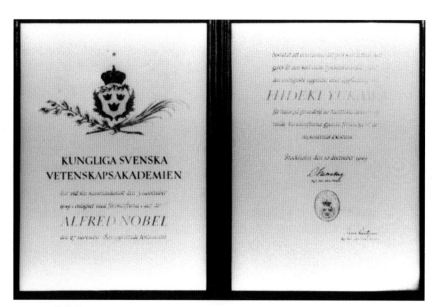

ノーベル賞賞状

1934（昭和9）年大阪帝国大学での研究生活の中で閃いたアイディア、それを磨き上げ執筆した湯川にとっての最初の論文が1949（昭和24）年のノーベル物理学賞に輝く。1933年から1939年までの大阪帝国大学時代は、新しい物理を切り拓き、同僚、仲間を育て、中間子論を成熟させた白熱の黄金期であった。その成果が世界に認められた。

大阪大学名誉教授

　翌年（1950（昭和25）年）、湯川は大阪大学名誉教授となる。1953（昭和28）年、京都大学基礎物理学研究所が新設され、湯川は所長となり、日本の物理界をリードしていく。

　1953年11月、大阪大学では湯川秀樹博士の業績を顕彰すべく湯川記念室が設けられた。

1950年8月　大阪大学にて（最前列右から2人目が湯川、右端が菊池正士、左端が谷川安孝、その隣が伏見康治。後に立っている人達の最前列、菊池の背後に武田暁、その左に南部陽一郎、湯川の背後で最後列に内山龍雄が写る）

第12章

海を渡り湯川黒板が
大阪大学へ

　1949（昭和24）年湯川はコロンビア大学（ニューヨーク）客員教授となった。そのとき湯川が居室で愛用していた黒板が、2014（平成26）年湯川理論が誕生した大阪大学に移設された［黒板1］。湯川が日本に戻ってからは、T. D. Lee 教授（1957年ノーベル賞受賞）がその黒板を使用していた。2014年建物の改修工事に伴い、理化学研究所のご協力のもと、黒板はコロンビア大学から大阪大学に寄贈され、理学研究科に移設された。若い人たちが、湯川と同じように、この黒板の上で議論を深め、新しい物理学、学問を築いてほしい。

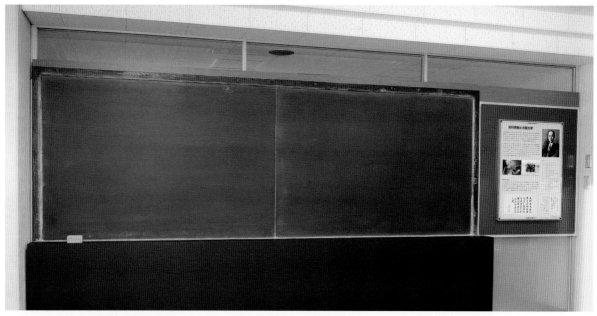

黒板1　大阪大学理学研究科物理研究棟（H棟）7階に設置された湯川黒板

1. 驚きの相談

2013年、コロンビア大学（アメリカ合衆国ニューヨーク市）物理学科にある「湯川黒板」を大阪大学に移設しないかという相談が大阪大学大学院理学研究科物理学専攻の橋本幸士教授のもとに舞い込んできた。コロンビア大学物理学科の改修工事のため、何もしなければ黒板は廃棄される事になる。橋本教授の尽力により黒板は救われ、湯川理論が誕生した学府、大阪大学理学研究科に移設されることになった。

黒板はニューヨークから大阪まで船便でやってきた。2014年3月、黒板が豊中キャンパスに到着して理学研究科H棟に搬入され、驚きの声が上がる。なんと黒板は我々が馴染み深い木製ではなく、2枚の石盤（slate）よりなっていたのである。その重量たるや相当のもので、当初予定していた設置方法では安全でないことが判明した。急遽、設置取り付け方法を練り直して変更し、理学研究科物理研究棟（H棟）7階のコミュニケーションスペースに取り付けられた。学部学生、大学院生など誰もが利用できる場所だ［黒板2］［黒板3］。

圧巻の黒板である。チョークが滑らかに滑る。描き心地良い。黒板には不思議な雰囲気がある。

2. オーラを感じる

橋本幸士教授は感慨深く語っている。大阪大学の広報誌「阪大NOW」No. 141（2014年7月号）に寄せられた橋本さんの文を引用しよう。

「この黒板から湯川先生のオーラを感じます」

これは、初めて湯川秀樹博士愛用の黒板にチョークで書いてみた、理学研究科の大学院生の言葉で、テレビニュースでも放映されたものである。実際、黒板の設置に関わった私も、黒板の現物がはるばるアメリカから日本に到着し

黒板2 湯川黒板での議論

たとき、同じ感想を持った。しかし、いま、湯川博士の愛用の黒板は、完全に理学研究科の日常にとけ込んでしまった。毎日の大学院生のディスカッションや自主ゼミに使われ、まさしく、研究と教育のための黒板として、第2の黒板人生をスタートさせている。

湯川秀樹は、1949年にノーベル物理学賞受賞の報を受けたとき、アメリカのコロンビア大学で客員教授をしていた。帰国となって空いた教授室を引き続き使ったのが、その後ノーベル物理学賞を受賞するT. D. Lee教授である。彼は湯川の使用した机や黒板などをそのまま敬意を持って使い続けたという。その黒板が、半世紀を経て、大阪大学にこの3月に移設されることとなったのであった。理化学研究所のセンター長も務めたT. D. Lee教授の口添えと理化学研究所の御厚意で、湯川黒板は阪大へやって来た。阪大平野総長、湯川秀樹博士のご子息や南部陽一郎阪大特別栄誉教授が列席した黒板披露式典では、「黒板フェチの橋本さん」と何度も呼ばれた私だが、黒板好きが高じてここまで人をつなげることが出来たことを幸運に思っている。

黒板は、学生が自由に使える、理学研究科物理学専攻H棟の7階コミュニケーションスペースに設置されている。しかしこの頃の大学生は、LINEだのtwitterだのと忙しい。定められたメ

黒板3　コミュニケーションスペース

ディア形式の中で泳がされ、自分の表現手段を制限してしまっていることに気付いていない。黒板は、自分のアイデアや考え方を、全く自由にしてくれるキャンバスである。まずは湯川先生のオーラを感じてみるだけで良いので、ぜひ使ってみてほしい。使ってみればすぐに、湯川黒板は自分の日常となり、そして自分が次のステップに自分が立っていることに気付かされる。

黒板4　黒板の前で撮った写真（コロンビア大学にて）。（左）湯川とラビ教授。（右）野依良治理化学研究所理事長とT. D. Lee コロンビア大学教授。写真の4名はすべてノーベル賞受賞者である（（左）京都大学基礎物理学研究所湯川記念館史料室提供、（右）理化学研究所提供）

3．黒板披露式典

　2014年5月13日、理学研究科にて「湯川秀樹先生愛用の黒板披露式典」が執り行われた。南部陽一郎大阪大学特別栄誉教授、湯川秀樹博士の御子息の湯川春洋氏、平野俊夫大阪大学総長らが出席し黒板が除幕された［黒板5］〜［黒板9］。

黒板5　湯川黒板の除幕

　除幕の後、来賓者たちは自分の名前を黒板に記した。自由闊達な議論がこの黒板の上で繰り広げられ、世界をあっと言わせる独創的な発見が生み出されることを願って。

黒板6　来賓者たちが各自名前を書く

黒板7　（左）南部陽一郎大阪大学特別栄誉教授、シカゴ大学名誉教授は、自分が湯川秀樹博士に憧れて物理を目指すようになったこと、戦後の混乱期、京都大学での集まりの場での湯川さんの圧倒的な風格とその場の緊張感を語った。（右）御父の思い出を語る博士の長男の湯川春洋氏。コロンビア大学湯川居室の黒板を懐かしく思い出されていた。

黒板8　（左）平野俊夫大阪大学総長は湯川の博士論文を手に取り、「世界適塾」を語った。（右）延與秀人理化学研究所仁科加速器センター長は野依良治理化学研究所理事長と語るT. D. Leeコロンビア大学教授の写真（背後に黒板が写っている）を掲げて、黒板の大阪大学への移設秘話を披露した。

黒板9　黒板が設置された理学研究科物理研究棟7階コミュニケーションスペース横にある大セミナー室で黒板披露式典が執り行われた。

4．黒板の設置風景

　黒板の取り付け現場を覗いてみると面白い。2枚の石盤（slate）は厚さ2cmほどのもので、裏面には石盤がアメリカ合衆国ペンシルベニア州で切り出され、製造されたことが刻印されている［黒板10］～［黒板12］。

黒板10　黒板（2枚の石盤）の表と裏

　取り付けは至難の技だった。石盤は見事に磨かれほぼ平らなのだが、形は完璧な長方形ではない。したがって、2枚を組み合わせると、底辺は水平な一直線にはならない。ここからは取り付け職人の技術の見せ所だ。黒板の木枠の特性も駆使して微調整する。

黒板11　設置作業。業者の制服組も人力として総動員。

取り付け終了。あとは取り付け台の装飾やパネルの設置が残るのみ。とりあえず、黒板を拭いて、チョークで書いてみよう。湯川の専門分野、素粒子理論の大学院生と黒板の書き味を体感してみる。

黒板12　取り付けられた黒板。チョークの受け皿台も味わいがある。

第13章

回想

いくつかの写真から湯川秀樹博士を偲ぼう。

ガラクタ市の宝物

2010（平成22）年、高槻市在住の松本英和氏から大阪大学に寄贈された写真である。湯川夫妻が自宅で寛ぐ和やかなひとときを池坊専属写真師の須原都智路氏が撮影した。

2010（平成22）年高槻市の松本英和氏から大阪大学に寄贈していただいた湯川夫妻の写真。湯川家の書斎にて
（大阪大学総合学術博物館湯川記念室蔵）

この写真が発見された経緯は興味深い。写真が趣味でガラス乾板などを集めておられた松本英和さんは2004（平成16）年6月の第1日曜日、京都の東寺ガラクタ市「弘法さん」を訪れ、そこでガラス乾板やネガフィルムを購入された。その中で右の封筒に入っていたのが湯川博士夫妻の写真ネガ2枚であった。現像して驚かれた松本さんは、すぐに湯川スミ夫人に連絡し、写真を送られた。スミ夫人はとても喜ばれたという。

その後、2006（平成18）年11月4日、京都大学で開催された湯川秀樹・朝永振一郎生誕100年記念シンポジウムに出席された松本さんは、湯川博士が大阪大学と深い関わりがあることを知り、2010（平成22）年5月7日、大阪大学鷲田清一総長に写真を寄贈してくださることになった。改めて松本英和様に感謝したい。

湯川夫妻の写真のネガが入っていた
封筒（松本英和氏蔵）

内山龍雄へ

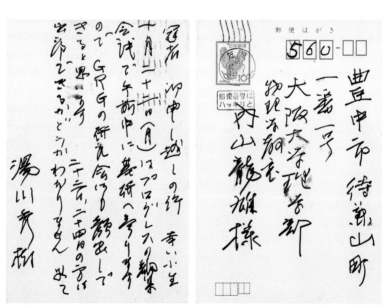

内山龍雄宛のはがき（消印：1973（昭和48）年10月10日）（大阪大学蔵）

大阪大学理学部物理学科内山 龍雄教授宛のはがきである。裏面には、「冠省 御申し越しの件 幸い小生十月二十二日（月）はプログレスの編集会議で午前中に基研へ参りますので GRGの研究会にも顔出しできると思います 二十三日、二十四日の方は出席できるかどうかわかりません 草々 湯川秀樹」と記されている。

湯川秀樹の書

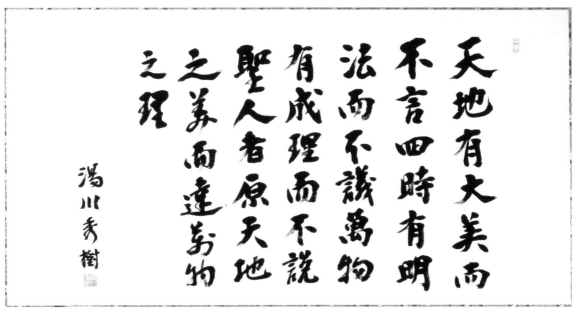

大阪大学大学院理学研究科長室に掲げられている書（大阪大学蔵）

　湯川のこの書の文章は荘子外篇知北遊篇第二章の冒頭からとられている。岩波文庫「荘子」第三冊金谷治訳注によると知北遊篇は「荘子」の第二十二、外篇の第十五で、読み方は

天地有大美而不言	天地は大美あるも言わず。
四時有明法而不議	四時は明法あるも議せず。
萬物有成理而不説	萬物は成理あるも説かず。
聖人者原天地之美	聖人なる者は天地之美に原（もと）づきて、
而達萬物之理	萬物之理に達す。

となる。金谷氏の訳を引用する。

　「天地自然は大きなすぐれた（生成の）働きをとげながら、そのことをことばでは言わない。四季のめぐりははっきりした法則を持ちながら、それを議論したりはしない。万物はそれぞれの道理をそなえながら、それを説き明かすことはしない。聖人というものは、この天地自然のすぐれた働きを根拠として、万物の道理に通達している。」

この書は湯川より大阪大学理学部に寄贈された。

いくつかのモーメント

第三高等学校時代、左端に写るのが湯川。同級生の川崎近太郎氏によると「湯川君は成績からいって甲組であったが、決して最上位ではなかった」「無口で恥ずかしがり」だったという[注1]。

大阪帝国大学理学部本館（中之島）屋上にて。菊池正士グループ一同がおさまる。左写真では菊池は櫓に座り、湯川は最前面に写る。右写真では菊池は右端、湯川は中程左に写る。

1944（昭和19）年6月7日、大阪高等学校に於ける講演。写真は理甲二年一組一同より寄贈された。

1950（昭和25）年、京都大学にて。前列左から2人目が湯川。その隣に朝永振一郎（3人目）、坂田昌一（右端）が座る。後列右端は南部陽一郎、右から4人目が木庭二郎、左から2人目が内山龍雄、3人目が伏見康治、5人目が武谷三男である。当時の素粒子論グループが湯川のもとに参集した。

1953（昭和28）年、ドイツ・リンダウにて、ディラックと。ディラックはハイゼンベルク、シュレディンガーと共に量子力学を創始した人の一人である。

第14章

湯川記念室、総合学術博物館

大阪大学では湯川秀樹博士の大阪大学での研究を顕彰し、最先端の自然科学の楽しさ、面白さを一般市民に紹介するために様々な活動を行っている。博士が1949（昭和24）年にノーベル物理学賞を受賞されたのを機に、1953（昭和28）年に湯川記念室が設立された。また、大阪大学総合学術博物館でも湯川博士ら世界にはばたいた大阪大学研究者の軌跡を展示している。

1976（昭和51）年プレート

湯川記念室は当初、大阪大学事務局旧館内に暫定的に設置されていたが、1976（昭和51）年、附属図書館本館内に設けられ、以来、基礎科学の振興に努めている。現在は大阪大学総合学術博物館に属する。

湯川記念室プレート「博士の偉業を讃えるとともに基礎科学の思索の場としたい」と宣言する（大阪大学総合学術博物館湯川記念室蔵）

湯川記念講演会

1985（昭和60）年から湯川記念室は毎年、一般市民を対象に湯川記念講演会を開催している。最先端の自然科学の熱いトピックを中心に、毎回2名ほどの講師を招き、スライドやビデオを使ってわかりやすくカラフルに説明される。近年、毎回200名ほどの熱心な聴衆が参加する。場所は大阪大学基礎工学部シグマホール、大阪府豊中市立中央公民館、大阪大学中之島センター佐治敬三メモリアルホール、そして最近は大阪大学大学院理学研究科南部陽一郎ホールで開催されている。

湯川記念講演会のポスター

最先端の物理を高校生に
Saturday Afternoon Physics

　2005（平成17）年、湯川記念室は高校生のための
プログラム、「最先端の物理を高校生に　Saturday
Afternoon Physics」を主催者として立ち上げた。秋
の6週間、毎週土曜午後3時間にわたり、先端の物
理、実験、最新科学技術の応用を基幹講義、コーヒー
ブレイク、実践講義の形で自主的に集まった180人ほ
どの高校生に体験してもらうものである。参加資格
は好奇心を持っていることとし、一切の選別を排除
する。片道2時間以上もかけて通う高校生も多い。

運営、講義はほとんどが大阪大学の教員、技術職員
のボランタリーでなされる。4回以上出席した高校
生には大阪大学副学長から象徴的な修了証が授与さ
れる。参加する高校生は熱心で、講義陣もやりがい
があって楽しく、ぜひやらせて欲しいという人が多
い。女子高校生の割合は35パーセントぐらいと高い。
オブザーバーとして参加したいという高校教員や保
護者も多い。2016年より、物理学専攻や理学研究科
が主催者として引き継いでいる。大学受験制度に大
きく制約された社会に新風を吹き込む日本で草分け
のプログラムとなった。教育の大海原を開拓してい
る。

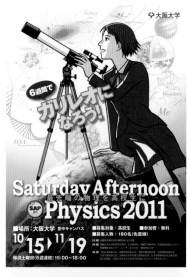

Saturday Afternoon Physics のポスター（提供：（上、下左）大阪大学総合学術博物館湯川記念室（下右）大阪大学大学院理学研究科）

大阪大学総合学術博物館

大阪大学総合学術博物館ではマチカネワニ、待兼山遺跡、大阪大学の系譜、顕微鏡やコンピュータの開発などの他に「世界にはばたく研究者」のコーナーで湯川博士の大阪帝国大学時代の活動を垣間見ることができる。ノーベル賞メダルや賞状（複製）も展示されている。

エントランス

展示室

湯川博士のノーベル賞メダルと賞状（複製）も展示されている（写真提供：大阪大学総合学術博物館）

湯川史料の公開

2019（平成31）年３月、京都大学基礎物理学研究所で保存されていた湯川秀樹博士の大阪帝国大学時代の史料の一部（100点弱）を、大阪大学総合学術博物館湯川記念室のホームページ上で公開した。1980年以降、現在に至るまで京都大学基礎物理学研究所湯川記念館史料室では河辺六男氏や小沼通二氏が中心になって湯川秀樹博士に関する膨大な量の史料を整理、分類、保存されてきた。この尽力は日本の科学史、文化史への貴重な財産となって実を結んでいる。

2018（平成30）年春より４か月、筆者（細谷）は京都大学湯川記念館史料室において湯川秀樹博士の大阪帝国大学時代の史料を閲覧させていただいた。驚きに溢れた閲覧だった。生々しい、純粋な湯川博士の研究生活が蘇る、試行錯誤の格闘、使命感、さらに随所にほとばしる湯川博士の美的感覚、こんな素晴らしい人、研究者が大阪大学で躍動していた。大阪大学の若い人たち、学生、教職員、そして市民の方々に是非知ってもらいたい。そんな思いで実現したのが大阪大学湯川記念室ホームページ上での公開である。

史料はhttps://www-yukawa.phys.sci.osaka-u.ac.jpで公開されている。

大阪大学湯川記念室ホームページで使われているロゴ

現在公開されている史料を次ページ以下にまとめる。

大阪大学総合学術博物館湯川記念室ホームページで公開されている湯川史料一覧

　ホームページの史料集（Archives）掲載の史料をリストにしている。OU No.とは、大阪大学における史料管理番号である。史料のページ数、史料名に、ホームページに掲載の「フォルダ」、「カテゴリー」「年代」を付した。No.1-14、16-91、94-96の史料は京都大学基礎物理学研究所湯川記念館史料室で保存、管理されている。なお、「参照章」に本書への掲載箇所を記している。

No	OU No.	ページ数	史料名	フォルダ	カテゴリー	年代	参照章
1	OU1934-A1	2	封筒：素粒子の相互作用（1934）	1	封筒	1934	1
2	OU1934-A2	11	計算ノート（質量欠損）	1	計算ノート	1934	
3	OU1934-A3	10	講演：素粒子の相互作用について	1	講演原稿	1934	2
4	OU1934-A4	12	数物講演：素粒子の相互作用について	1	講演原稿	1934	
5	OU1934-A5	16	論文原稿：素粒子の相互作用について I	1	論文原稿	1934	2
6	OU1934-B1	1	整理フォルダー 1934-2	2	封筒	1934	
7	OU1934-B2	1	論文要旨：素粒子の相互作用について I	2	論文原稿	1934	
8	OU1934-B3	1	論文要旨（手書き）：素粒子の相互作用について I	2	論文原稿	1934	
9	OU1934-B4	3	データ表：同位元素、質量、核反応	2	資料	1934	
10	OU1934-B5	14	朝永振一郎から湯川への手紙（1933）	2	手紙	1933	3
11	OU1934-B6	4	朝永振一郎から湯川への手紙（1935.1.23）	2	手紙	1935	3
12	OU1934-B7	4	朝永振一郎から湯川への手紙（1935.2.7）	2	手紙	1935	3
13	OU1934-B8	3	計算ノートー陽子の磁気能率	2	計算ノート	1934	
14	OU1934-B9	4	考察：陽電子の理論について	2	論文原稿	1935	7
15	OU1934-B10	10	ノーベル物理学賞受賞論文	2	論文原稿	1935	11
16	OU1935-A1	9	アイディアと計算ー中性子の共鳴散乱	3	計算ノート	1935	7
17	OU1935-A2	6	論文草稿：光子散乱による電子対生成	3	論文原稿	1935	8
18	OU1935-A3	9	考察：量子統計力学における非可逆性	3	計算ノート	1935	10
19	OU1935-A4	9	数物年会原稿「素粒子の相互作用に就て II」	3	講演原稿	1935	
20	OU1935-A5	4	Betheの論文（中性子捕獲）に関するノート	3	計算ノート	1935	
21	OU1935-A6	1	封筒ー内部対生成 1935	3	封筒	1935	1
22	OU1935-A7	2	封筒ーベータ崩壊	3	封筒	1935	1
23	OU1935-B1	1	談話会、コロキウム（1934-1935）フォルダー	4	封筒	1935	
24	OU1935-B2	29	講演原稿ー原子核、陽電子	4	講演原稿	1935	2
25	OU1935-B3	21	講演原稿「近代物理学と常識」	4	講演原稿	1935	5
26	OU1935-B4	3	第66回物理談話会 講演のためのメモ	4	講演原稿	1935	
27	OU1935-B5	10	第67回物理談話会「金属の凝集力について」	4	講演原稿	1935	2
28	OU1935-B6	5	談話会「遅い中性子の異常散乱の問題」	4	講演原稿	1935	
29	OU1935-B7	5	数物講演「放射性原子核：光を伴わない遷移」	4	講演原稿	1935	
30	OU1935-B8	4	数物講演「ベータ崩壊」	4	講演原稿	1935	2
31	OU1935-B9	21	「ディラックの海」理論に関する考察	4	解説	1935	10
32	OU1935-B10	12	第43回談話会「中性子の原子核に対する作用に就て」	4	講演原稿	1935	
33	OU1935-B11	14	放射性元素のスピンについて	4	解説	1934	
34	OU1936-A1	49	考察：量子力学から多体系の相対論的量子力学へ	5	解説	1936	10
35	OU1936-A2	24	物理談話会「宇宙線に関する理論の現状」	5	講演原稿	1936	
36	OU1936-A3	1	力学・物理数学談話会（第17回）プログラム	5	プログラム	1936	4
37	OU1936-A4	11	談話会「Fe, Co, Niが強磁性を有する理由」	5	講演原稿	1936	2
38	OU1936-A5	1	第9回数物学会大阪支部常会 プログラム	5	プログラム	1936	4
39	OU1936-B1	25	校正：薄板による中性子の遅緩	6	論文原稿	1936	8
40	OU1936-B2	10	ノート：遅緩した中性子の速度分布	6	計算ノート	1936	
41	OU1936-B3	9	計算ノート：多重散乱過程	6	計算ノート	1936	
42	OU1936-B4	29	第1草稿：薄板による中性子の遅緩の計算	6	論文原稿	1936	8
43	OU1936-B5	1	第8回数物学会大阪支部常会 プログラム	6	プログラム	1936	4
44	OU1936-B6	30	第8回数物学会大阪支部常会 講演原稿	6	講演原稿	1936	2

No	OU No.	ページ数	史料名	フォルダ	カテゴリー	年代	参照章
45	OU1936-B7	7	計算ノート（試験答案用紙）	6	計算ノート	1936	7
46	OU1936-C1	4	論文草稿：陽電子理論の密度行列	7	論文原稿	1936	8
47	OU1936-C2	12	ノート：軽粒子の理論（続き）	7	計算ノート	1936	7
48	OU1936-C3	1	封筒（アメリカ物理学会誌編集局より）	7	封筒	1936	
49	OU1936-C4	1	Phys Rev からの掲載不可の通知	7	手紙	1936	5
50	OU1936-C5	1	Phys Rev レフェリーのコメント	7	手紙	1936	
51	OU1936-C6	4	論文：陽電子理論の密度行列	7	論文原稿	1936	
52	OU1936-C7	5	Phys Rev のレフェリーへの反論	7	手紙	1936	5
53	OU1937-A1	1	整理の封筒：1937年後半	8	封筒	1937	1
54	OU1937-A2	6	ノート：重量子の仮説と宇宙線観測	8	計算ノート	1937	7
55	OU1937-A3	8	講演原稿：重量子の理論について	8	講演原稿	1937	2
56	OU1937-A4	1	数物学会大阪支部常会（1937.11.28）プログラム	8	プログラム	1937	4
57	OU1937-A5	8	坂田昌一のノート：「重量子と重粒子の相互作用」	8	論文原稿	1937	9
58	OU1937-A6	2	武谷三男から坂田昌一への葉書	8	手紙	1937	9
59	OU1937-A7	1	数物学会大阪支部常会（1937.9.25）プログラム	8	プログラム	1937	4
60	OU1937-A8	15	論文原稿：素粒子の相互作用について. II.	8	論文原稿	1937	8
61	OU1937-A9	11	論文校正：素粒子の相互作用について. II.	8	論文原稿	1937	8
62	OU1937-B1	1	整理の封筒：原子核変換（1937）	9	封筒	1937	
63	OU1937-B2	4	論文原稿：電子捕獲による核変換	9	論文原稿	1937	
64	OU1937-B3	5	論文：ガンマ線計数管の能率について	9	論文原稿	1937	
65	OU1937-B4	1	第11回数物学会大阪支部常会　プログラム	9	プログラム	1937	4
66	OU1937-B5	1	第12回数物学会大阪支部常会　通知	9	プログラム	1937	4
67	OU1937-B6	25	論文草稿：中性子・重陽子衝突の理論	9	論文原稿	1937	8
68	OU1937-B7	1	力学・物理数学談話会（第24回）通知	9	プログラム	1937	4
69	OU1937-B8	8	解説「最近の実験結果より見たる素粒子の性質」	9	解説	1937	10
70	OU1937-B9	8	計算ノート：中性子の電気能率について	9	計算ノート	1937	7
71	OU1937-C1	1	封筒：Physical Review 編集局より	10	封筒	1937	
72	OU1937-C2	1	論文誌 Phys Rev 編集局からの手紙	10	手紙	1937	5
73	OU1937-C3	4	宇宙線で見つかった新粒子の理論	10	論文原稿	1937	5
74	OU1937-C4	15	草稿：Multiplicative シャワーの理論	10	論文原稿	1937	
75	OU1937-C5	1	第13回数物学会大阪支部常会　プログラム	10	プログラム	1937	4
76	OU1937-C6	2	整理の封筒：遅い中性子の理論（II）1937	10	封筒	1937	1
77	OU1937-C7	32	総合報告「遅い中性子の理論（II）」	10	解説	1937	10
78	OU1938-A1	45	論文原稿：素粒子の相互作用について III	11	論文原稿	1938	8
79	OU1938-B1	1	封筒：素粒子の相互作用 1938	11	封筒	1938	
80	OU1938-B2	8	数物年会講演：U粒子の理論に就て	11	講演原稿	1938	
81	OU1938-B3	5	計算：中性子－陽子の系	11	計算ノート	1938	
82	OU1938-B4	6	坂田昌一のまとめ：U粒子の崩壊	11	計算ノート	1938	9
83	OU1938-B5	1	第18回数物学会大阪支部常会プログラム	11	プログラム	1938	4
84	OU1938-B6	11	論文草稿：素粒子の相互作用について IV	11	講演原稿	1938	8
85	OU1938-B7	26	武谷三男のまとめ：U粒子のスピンと磁気能率	11	計算ノート	1938	9
86	OU1938-B8	31	論文：素粒子の相互作用について IV	11	論文原稿	1938	8
87	OU1938-C1	1	第144回物理談話会プログラム	12	プログラム	1938	4
88	OU1938-C2	8	第144回物理談話会講演原稿「宇宙線理論の近況」	12	講演原稿	1938	2
89	OU1938-C3	1	第124回物理談話会プログラム	12	プログラム	1938	4
90	OU1938-C4	25	第124回物理談話会「量子論から見た音と熱」	12	講演原稿	1938	2
91	OU1938-X1	43	理論コロキウム記録 1938	12	コロキウム	1938	6
92	OU1938-Y1	12	大阪帝国大学に提出された博士学位論文 1938	12	学位論文	1938	6
93	OU1938-Y2	1	大阪帝国大学　学位記台帳	12	学位論文	1938	6
94	OU1939-A1	8	論文草稿「メソトロンの質量と寿命」	13	論文原稿	1939	8
95	OU1939-A2	5	数物年会原子核討論会「メソトロンに関する一般的解説」	13	講演原稿	1939	10
96	OU1939-A3	5	ベータ崩壊に関連する諸問題	13	論文原稿	1939	10
97	OU1950-Z2	1	湯川秀樹書「荘子：知北遊篇」	14	資料	1950	13
98	OU1973-Z3	2	湯川から内山龍雄へのはがき 1973	14	手紙	1973	13
99	OU1976-Z1	5	湯川記念室設立の経緯 1976	14	資料	1976	14

引用注

第 1 章
注 1 ． 谷川安孝（等編）『つきあい―湯川博士還暦記念文集』講談社，1968，p. 212.
注 2 ． 同上，pp. 167 - 169.
注 3 ． 同上，p. 64.
注 4 ． 同上，pp. 98 - 100.

第 2 章
注 1 ． 湯川秀樹（著），小沼通二（編）『湯川秀樹日記―昭和九年：中間子論への道』（朝日選書836）朝日新聞社，2007，pp. 140 - 143.
注 2 ． 湯川秀樹（著）『旅人―ある物理学者の回想』（角川ソフィア文庫）角川書店，1960，p. 287.
注 3 ． 同上，p. 288.
注 4 ． 湯川秀樹（著）『創造的人間』（角川ソフィア文庫）角川書店，2017，p. 314.

第13章
注 1 ． 谷川安孝（等編）『つきあい―湯川博士還暦記念文集』講談社，1968，pp. 15 - 16.

謝　辞

　湯川秀樹博士の大阪帝国大学時代の活動を表す膨大な史料が京都大学基礎物理学研究所湯川記念館史料室で保存、管理されていました。その史料の一部を本書で紹介し、解説することを許可してくださった京都大学基礎物理学研究所に深く感謝の意を表します。特に、小沼通二氏には史料の閲覧からデータ受渡作業でのご協力のみならず、本書に対する貴重な助言もいただいたことに心より感謝いたします。

　大阪大学においても、この度、湯川の学位申請論文のみならず、学位請求申請書類、審査手続記録、審査要旨等、様々な史料が大阪大学アーカイブズにて発掘されました。アーカイブズの惜しみないご協力を感謝いたします。

　最後に本書の構成、デザインに詳細緻密な助言をいただいた大阪大学出版会の栗原佐智子さんに感謝の念を表します。

著者紹介

細 谷　裕 （ほそたに・ゆたか）

大阪大学名誉教授、大阪大学総合学術博物館湯川記念室特任研究員
理学博士、専門 素粒子物理学

1951年　京都府宇治市生まれ
1974年　東京大学理学部物理学科卒業
1979年　東京大学大学院理学系研究科博士課程修了
1979年　シカゴ大学 Enrico Fermi Fellow
1981年　ペンシルベニア大学 Research Investigator
1984年　ミネソタ大学助教授
1988年　ミネソタ大学準教授
1990年　ミネソタ大学教授
2000年　大阪大学大学院理学研究科教授
2017年　定年退官

2004年から2017年まで大阪大学湯川記念室委員会委員長を務める。2007年に
「細谷機構の発見」により第53回仁科記念賞受賞。著書に「ゲージヒッグス統
合理論 素粒子標準理論のその先へ」（数理科学SGC ライブラリ 143）サイエ
ンス社（2018年）がある。

湯川秀樹博士と大阪大学
ノーベル賞はかくして生まれた

2021年5月1日　　初版第1刷刊行　　　　　　　　　　　　　　［検印廃止］

監　修　大阪大学総合学術博物館湯川記念室
著　者　細谷　裕
発行所　大阪大学出版会
　　　　代表者　三成賢次
　　　　〒565-0871 大阪府吹田市山田丘2-7
　　　　　　　　　大阪大学ウエストフロント
　　　　電話　06-6877-1614
　　　　FAX　06-6877-1617
　　　　URL: http://www.osaka-up.or.jp
印刷所：㈱遊文舎